Einführung in
EIN KURS IN WUNDERN

Kenneth Wapnick

Einführung in
EIN KURS IN WUNDERN

Betrachtungen über einen anderen
Weg zum inneren Frieden

Einführung in *Ein Kurs in Wundern*
Titel der Originalausgabe:
A Talk Given On *A Course in Miracles*
Copyright © 1983, 1987, 1989, 1994
Foundation for »A Course in Miracles«, Temecula, CA

Abdruck von Teilen aus *Ein Kurs in Wundern*® © 1994, 2001
Ein Kurs in Wundern®, *A Course in Miracles*® und *EKIW*®
sind als Marke eingetragen.

Übersetzt von Margarethe Tesch
Lektoriert von Gerhard Juckoff
Umschlagfoto und Gestaltung: Simon

Deutsche Erstauflage 1993 unter dem Titel
Betrachtungen über *Ein Kurs in Wundern*
2. überarbeitete und erweiterte Auflage 1994
4. überarbeitete Auflage 1996
7   9   11   12   10   8

Greuthof Verlag und Vertrieb GmbH, Gutach i. Br.
Alle Rechte vorbehalten
ISBN 3-923662-33-5
Satz: TypoVision, Zürich
Gedruckt auf chlorfrei gebleichtem Papier

Einzelexemplare dieses Buches können ganz einfach
direkt vom Greuthof Verlag bezogen werden.
Kurzer Anruf genügt: Tel. 0 76 81-60 25, Fax 0 76 81-60 27
oder per Post bei:

Greuthof Verlag und Vertrieb GmbH
Herrenweg 2
D 79261 Gutach i.Br.

Gerne senden wir Ihnen unser aktuelles Gesamtverzeichnis,
auf Wunsch auch Informationen zu *Ein Kurs in Wundern*.

Inhalt

Vorwort

Das vorliegende Buch basiert auf dem Tonbandmitschnitt eines eintägigen Seminars, das ich 1981 hielt. Die Veröffentlichung des Manuskripts erfolgte, um dem vielfach geäußerten Wunsch nach einer knappen und klaren Darstellung der Prinzipien von *Ein Kurs in Wundern* nachzukommen. Bis auf geringfügige Veränderungen zur Verbesserung der Lesbarkeit wurde das Manuskript genauso belassen, wie das Seminar abgehalten wurde.

Der informelle Stil eines Vortrags ist beibehalten worden, um die ursprüngliche Form einer mündlichen Rede, und nicht einer weitaus formaleren schriftlichen Darstellung, zu wahren. Dennoch liefert das Buch eine einfache, aber gründliche Einführung in die grundlegenden Prinzipien des wichtigen spirituellen Werkes.

Wie immer danke ich meiner Frau Gloria, der zweiten Vorsitzenden der Foundation for »A Course in Miracles«, für ihren unermüdlichen Einsatz und das Engagement, mit dem sie für die Wahrung der Integrität von *A Course in Miracles* im allgemeinen und der Publikationen der Foundation im besonderen sorgt, wie auch für ihre hilfreichen Vorschläge und Anmerkungen bei der Neugestaltung dieser Publikation. Ebenso möchte ich Rosemarie LoSasso, der Herausgeberin der Schriftenreihe der Foundation, für die Hingabe danken, mit der sie die Vision unserer Stiftung in Form und Inhalt umsetzt, sowie für ihre wertvolle Hilfe bei der Vorbereitung der verschiedenen Auflagen dieses Buches.

Mein Dank gilt auch dem deutschen Übersetzerteam von *Ein Kurs in Wundern* für die gute und enge Zusammenarbeit.

Stellen aus *Ein Kurs in Wundern* werden in folgender Weise zitiert, mit einem Beispiel zu jedem Band:

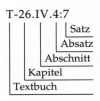

T-26.IV.4:7
Satz
Absatz
Abschnitt
Kapitel
Textbuch

Ü-I.169.5:2
Satz
Absatz
Lektion
Teil I
Übungsbuch

H-13.3:2
Satz
Absatz
Frage
Handbuch für Lehrer

B-4.6:7
Satz
Absatz
Begriff
Begriffsbestimmung

1

Die Entstehungsgeschichte von *Ein Kurs in Wundern*

Zu den interessanten Aspekten der Entstehungsgeschichte des Kurses zählt, daß der Prozeß der Niederschrift und die Geschichte, die sich darum rankt, selber beispielhaft für die grundlegenden Prinzipien des Kurses sind. Die zentrale Botschaft des Kurses lautet, daß die Erlösung in dem Augenblick kommt, in dem sich zwei Menschen miteinander verbinden, um ein Interesse miteinander zu teilen oder auf ein gemeinsames Ziel hinzuarbeiten, weil darin immer ein Aspekt von Vergebung enthalten ist. Wir werden später noch darauf zurückkommen.

Die beiden für die Entstehung des Kurses Verantwortlichen waren Helen Schucman (gest. im Februar 1981) und William Thetford (gest. im Juli 1988). Sie arbeiteten als Psychologen am Columbia Presbyterian Medical Center in New York. Bill war im Jahre 1958 zum Direktor der dortigen psychologischen Abteilung berufen worden. Helen stieß einige Monate später dazu. In den ersten sieben Jahren gestaltete sich ihre Beziehung sehr schwierig, da sie völlig gegensätzliche Charaktere waren. Während sie einerseits gut zusammenarbeiteten, herrschten im zwischenmenschlichen Bereich sehr viel Spannung und Ambivalenz. Aber nicht nur miteinander hatten sie Schwierigkeiten, sondern es gab auch Probleme mit Mitarbeitern, mit anderen Abteilungen der medizinischen Fakultät und in der Zusammenarbeit mit medizinischen Fakultäten anderer Universitäten. Dies war typisch für die Atmosphäre an einer großen Universität oder einem medizinischen Zentrum, und Columbia bildete da keine Ausnahme.

Der Wendepunkt kam an einem Frühlingstag 1965, als Helen und Bill einen Termin im Cornell Medical Centre am anderen Ende New Yorks hatten, wo regelmäßige interdisziplinäre Besprechungen stattfanden. Das waren gewöhnlich unerfreuliche Angelegenheiten mit viel Konkurrenzdenken und gegenseitigen Diffamierungen, ebenfalls ein weitverbreitetes Phänomen an Universitäten. Helen und Bill bildeten keine Ausnahme in der Art und Weise, wie sie andere Leute kritisierten und beurteilten. Aber an diesem Tag ereignete sich etwas völlig Untypisches. Kurz bevor sie gingen, hielt Bill, ein sonst eher ruhiger und bescheidener Mensch, Helen eine leidenschaftliche Rede. Seiner Meinung nach, so sagte er, müsse es einen besseren Weg geben, mit diesen Konferenzen und den dort entstehenden Problemen umzugehen. Er spüre, daß sie mehr Liebe und Akzeptanz zum Ausdruck bringen sollten, statt derartig von Konkurrenz und Kritik erfüllt zu sein.

Ebenso unerwartet und untypisch war Helens Antwort. Sie stimmte ihm zu und versprach, ihm zu helfen, diesen anderen Weg zu finden. Ihre Übereinstimmung war ungewöhnlich, da beide eher dazu neigten, sich gegenseitig zu kritisieren, als zu akzeptieren. Ihre Übereinkunft war ein Beispiel für das, was der Kurs als heiligen Augenblick bezeichnet, der, wie eingangs gesagt, das Mittel der Erlösung ist.

Auf einer beiden nicht bewußten Ebene wirkte dieser Augenblick als Signal, das die Tür zu einer ganzen Reihe von Erfahrungen öffnete, die sich bei Helen von da an im Wachzustand und in ihren Träumen einstellten und von denen ich einige erwähnen will. Sie haben sowohl einen stark übersinnlichen als auch einen ausgeprägt religiösen Charakter, denn immer regelmäßiger begann Jesus zu erscheinen. Das war ein wenig unerwartet, bedenkt man die Ansicht, die Helen zur damaligen Zeit vertrat. Sie war Mitte Fünfzig und gab sich als militante Atheistin, um auf diese Weise sehr geschickt ihren bitteren Groll auf einen GOTT zu verschleiern, der ihrem Gefühl nach nicht gut an ihr gehandelt hatte. Deshalb reagierte sie aggressiv auf jede Art Denken, das sie als verschwommen, mehrdeutig, nicht untersuch-, meß- oder bewertbar beurteilte. Sie war eine hervorragende wissenschaftliche Psychologin, hatte einen außerordentlich scharfen analytisch-logischen Verstand und tolerierte kein Denken, das davon abwich.

Helen besaß seit ihrer Kindheit mediale Fähigkeiten der Art, daß sie beispielsweise Dinge sehen konnte, die nicht da waren. Sie schenkte diesem Umstand allerdings niemals wirklich besondere Beachtung, weil sie dachte, daß dies bei allen Menschen so sei. In jungen Jahren waren ihr einige eindrucksvolle mystische Erfahrungen zuteil geworden, von denen sie ebenfalls keine Notiz genommen und die sie bis dahin kaum jemandem erzählt hatte. Es war also sehr überraschend, daß sich nun derartige Erfahrungen einstellten. Es machte ihr auch angst, da ein Teil von ihr befürchtete, verrückt zu werden. Was da geschah, war nicht normal, und wenn Bill nicht dagewesen wäre, um sie zu unterstützen und zu ermutigen, dann hätte sie wohl den ganzen Prozeß abgebrochen.

Es ist wichtig zu erkennen, wie entscheidend Bills Hilfe und ständiger Beistand waren. Ohne sie wäre *Ein Kurs in Wundern* niemals aufgezeichnet worden. Hier sehen

Sie ein weiteres Beispiel für das Grundprinzip des Kurses, das im Text immer wieder auf verschiedene Weise ausgedrückt wird: »Die Erlösung ist ein Unterfangen, das auf Zusammenarbeit beruht« (T-4.VI.8:2)*, »In die Friedensarche treten immer zwei zusammen ein« (T-20.IV.6:5), »... niemand kann allein eingehen in den HIMMEL« (Ü-I.134.17:7) und »... gemeinsam ... oder gar nicht« (T-19.IV.-D.12:8). Wenn Helen und Bill sich bei diesem Unternehmen nicht verbunden hätten, gäbe es keinen Kurs, über den wir hier und heute sprechen könnten.

Helen hatte in jenem Sommer eine ganze Reihe von Erfahrungen, die wie eine Fortsetzungsgeschichte aufeinanderfolgten. Sie durchlebte sie in verschiedenen Phasen des Wachbewußtseins, nicht in Träumen. Die Geschichte begann damit, daß sie an einem verlassenen Sandstrand entlangging und dort ein Boot fand. Sie wußte, daß sie das Boot ins Wasser schieben mußte. Das war jedoch unmöglich, weil es zu sehr im Sand feststeckte. Plötzlich erschien ein Fremder und bot ihr seine Hilfe an. Im Boot bemerkte Helen eine Art antiquiertes Sende- und Empfangsgerät. Sie sagte zu dem Fremden: »Vielleicht wird uns das helfen.« Er aber antwortete: »Du bist noch nicht dafür bereit. Laß es vorerst da, wo es ist.« Aber er schob das Boot ins Wasser, und immer wenn sich Schwierigkeiten einstellten oder Seegang aufkam, erschien er, um ihr zu helfen. Nach gewisser Zeit erkannte sie in diesem Mann Jesus, wenn er auch nicht der üblichen Vorstellung von Jesus entsprach. Er war immer zur Stelle, um ihr zu helfen, wenn es problematisch wurde.

---

* Die Stellenverweise gelten für die deutsche Übersetzung und die zweite amerikanische Ausgabe (ab 1993). Eine genauere Erläuterung findet sich am Ende des Vorworts. Im Index S. 147 sind auch die Verweise auf die amerikanische Ausgabe aufgeführt.

In der letzten Szene dieser Folge von Erfahrungen erreichte das Boot schließlich seinen Bestimmungsort, eine Art Kanal, wo alles ruhig, still und friedlich war. Im Boot lag eine Angelrute, und am Ende der Schnur auf dem Grund des Wassers hing eine Schatzkiste. Beim Anblick der Schatzkiste geriet Helen in helle Aufregung, denn damals war sie sehr von Edelsteinen und hübschen Dingen jeder Art angetan. Also freute sie sich auf das, was sie in der Kiste vorfinden würde. Sie hob sie ins Boot, war jedoch sehr enttäuscht, beim Öffnen nichts weiter als ein großes schwarzes Buch darin zu entdecken. Auf dem Buchrücken stand »Äskulap«, der Name des griechischen Gottes der Heilkunde. Damals sagte Helen der Name nichts. Erst als viele Jahre später der Kurs getippt und in schwarze Ordner eingebunden war, bemerkten sie und Bill, daß er genauso aussah wie das Buch, das sie in der Schatzkiste gefunden hatte. Sie sah dieselbe Schatzkiste noch einmal. Diesmal war eine Perlenschnur darum gewunden. Einige Tage später träumte sie, daß ein Storch über Dörfer flog und in einem Beutel ein schwarzes Buch mit einem goldenen Kreuz auf dem Einband trug. Eine Stimme sagte zu ihr: »Das ist dein Buch.« (Das ereignete sich vor dem Diktat des Kurses.)

Helen ging durch eine weitere interessante Erfahrung. Dabei sah sie sich selbst, wie sie in eine Höhle eintrat. Es war eine sehr alte Höhle, und auf dem Boden lag eine Art Tora-Rolle, zwei Stäbe, um die ein Pergament gewunden war. (Die Tora ist der erste Teil des Alten Testaments.) Die Rolle war so alt, daß das kleine Band, von dem sie zusammengehalten wurde, sich von allein löste und unter Helens Händen zu Staub zerfiel. Sie betrachtete das Pergament und rollte es auseinander. In der Mitte standen zwei Worte: »GOTT IST«, was Helen sehr berührte. Beim weiteren Öffnen der Rolle erwiesen sich die linke wie auch die rechte Seite als leer. Die Stimme erklärte ihr: »Wenn du nach links blickst, wirst du alles lesen können, was je in der Vergangenheit geschah, auf der rechten Seite dagegen, was in der Zukunft geschehen wird.« Helen erwiderte jedoch: »Nein, ich habe kein Interesse daran. Alles, was ich will, ist die Mitte.«

Sie schloß das Pergament so weit, daß nur noch die Worte »GOTT IST« blieben. Da sagte die Stimme: »Danke. Diesmal hast du es geschafft.« Helen erkannte, daß sie in dem Augenblick eine Art Prüfung bestanden hatte, der sie vorher nicht gewachsen gewesen war. Mit dieser Episode hatte sie den Wunsch ausgedrückt, ihre Fähigkeiten nicht zu mißbrauchen; sie mit anderen Worten nicht zu Zwecken der Neugier oder der Macht einzusetzen. Das einzige, wonach sie wirklich strebte, war die Gegenwart, in der man GOTT findet.

In einer der Übungsbuchlektionen heißt es: »Wir sagen: ›GOTT ist‹, und dann hören wir auf zu sprechen« (Ü-I.169.5:4), weil es über diese beiden Worte hinaus nichts mehr zu sagen gibt. Diese Passage bezieht sich, wie ich glaube, auf die Erfahrung in der Höhle. Im gesamten Kurs wird sehr stark hervorgehoben, daß die Vergangenheit nicht mehr existiert und wir uns keine Sorgen über die Zukunft machen sollten, die ebenfalls nicht existiert. Wir sollten uns nur um die Gegenwart kümmern, denn nur in der Gegenwart können wir GOTT erkennen.

Eine letzte Episode: Helen und Bill besuchten die Mayo-Klinik in Rochester/Minnesota, um sich einen Tag lang darüber zu informieren, wie die dortigen Psychologen ihre Auswertungen vornahmen. In der Nacht davor stand Helen innerlich ein sehr klares Bild von einer Kirche vor Augen, die sie zunächst für eine katholische Kirche hielt, dann jedoch als protestantische erkannte. Dieses Bild war so deutlich, daß sie eine Skizze davon anfertigte. Als sie während der Vision auf diese Kirche hinabblickte, kam sie zu der Überzeugung, sie und Bill würden die Kirche vom Flugzeug aus bei ihrer Landung in Rochester sehen. Die Kirche wurde nun zu einem sehr starken Symbol dafür, daß Helen im Vollbesitz ihrer geistigen Kräfte war. Sie zweifelte nämlich inzwischen an ihrem eigenen Geisteszustand und konnte all diese inneren Erfahrungen nicht wirklich verstehen. Wenn sie die Kirche sehen würde, sollte das eine Bestätigung dafür sein, daß sie doch nicht verrückt war. Bei der Landung sahen sie sie jedoch nicht. Helen geriet außer sich, woraufhin Bill ein Taxi mietete, das sie zu sämtlichen Kirchen in Rochester brachte. Ich glaube, es gab ungefähr 26 Kirchen in der Stadt, ohne daß sich Helens Kirche darunter befand. Helen war ziemlich verstört, doch ließ sich an jenem Abend nichts mehr machen.

Nach einem arbeitsreichen Tag flogen sie am nächsten Abend nach New York zurück. Auf dem Flughafen fiel Bill, der in solchen Dingen ein gutes Gespür hatte, ein Buch über Rochester in die Hände, von dem er annahm, es könnte Louis, Helens Mann, gefallen. Es enthielt die Geschichte der Mayo-Klinik, und beim Durchblättern stieß er auf ein Bild genau der Kirche, die Helen beschrieben hatte. Sie stand an der Stelle der jetzigen Mayo-Klinik; man hatte sie für den Bau der Klinik abgerissen. Helen hatte auf sie herabgeblickt, weil sie nicht mehr da war. Sie hatte aus der zeitlichen Perspektive auf sie herabgeblickt. Diese Information half ihr zwar, sich besser zu fühlen, aber das war noch nicht das Ende der Geschichte.

Helen und Bill mußten in Chicago umsteigen. Es war schon spät am Abend, und sie waren müde. Im Flughafengebäude wurde Helen auf eine Frau aufmerksam, die mit abwesender Miene am anderen Ende des Warteraums saß. Helen spürte, daß es ihr schlechtging, obwohl es dafür keinerlei äußere Anzeichen gab. Sie ging zu ihr hin, etwas, was sie normalerweise nicht tat, aber wozu sie sich in diesem Fall gedrängt fühlte. Die Frau war tatsächlich in einer schlechten Verfassung. Sie hatte gerade Mann und Kinder verlassen und befand sich auf dem Weg nach New York, wo sie noch nie zuvor gewesen war. Für ihren Aufenthalt in New York besaß sie ganze dreihundert Dollar, und überdies hatte sie Angst, weil sie niemals zuvor geflogen war. Helen nahm sich ihrer an und brachte sie zu Bill hinüber. Während des Fluges kümmerten sie sich gemeinsam um sie. Sie saß zwischen ihnen und erzählte Helen im Verlauf des Gesprächs, daß sie vorhabe, bei der evangelischen Kirche unterzukommen, da sie Protestantin sei. In dem Augenblick hörte Helen eine innere Stimme sagen: »Und dies ist meine wirkliche Kirche.« Helen begriff, was Jesus ausdrücken wollte: Die wahre Kirche ist kein Bauwerk, sondern bedeutet, einem anderen Menschen zu helfen und sich mit ihm zu verbinden.

Bei ihrer Ankunft in New York brachten Helen und Bill ihre neue Freundin in ein Hotel. Merkwürdigerweise trafen sie sie in den nächsten Tagen ziemlich häufig wieder. Ich glaube, Bill begegnete ihr einmal bei Bloomingdale's, einem großen New Yorker Kaufhaus, während Helen sie ein- oder zweimal zum Abendessen einlud. Die Frau kehrte schließlich zu ihrer Familie zurück, blieb aber weiter mit Helen in Kontakt und schrieb ihr zu Weihnachten und ähnlichen Anlässen. Einmal rief sie Helen an, während ich dabei war. Diese Episode ist wichtig, weil sie zeigt, daß nicht das übernatürliche Phänomen als solches von Belang ist, sondern der ihm zugrundeliegende spirituelle Sinn, der in diesem Fall darin bestand, einem anderen Menschen zu helfen.

Eines Tages Mitte Oktober erklärte Helen Bill: »Ich glaube, ich werde etwas sehr Unerwartetes tun.« Bill empfahl ihr daraufhin, sich ein Notizbuch zuzulegen und alles aufzuschreiben, was sie dachte, hörte oder auch träumte. Helen befolgte seinen Rat. Sie beherrschte Stenographie und konnte sehr schnell mitschreiben. Einige Wochen später hörte sie eines Abends die Stimme zu ihr sagen: »Dies ist ein Kurs in Wundern. Bitte schreib mit.« Von Panik ergriffen, rief sie Bill an: »Ich höre eine Stimme, die ständig diese Worte wiederholt. Was soll ich bloß machen?« Bill gab ihr eine Antwort, für die ihn zukünftige Generationen segnen werden. Er erwiderte: »Warum tust du nicht, was die Stimme sagt?« Helen tat es. Sie fing an, das Diktat aufzunehmen, und sieben Jahre später waren daraus die vorliegenden drei Teile mit dem Titel *Ein Kurs in Wundern* geworden.

Helens Erfahrung mit der Stimme war wie mit einem inneren Kassettenrecorder. Sie konnte die Stimme ganz nach Belieben an- und abstellen, doch nicht allzulange, sonst wurde sie unruhig. Infolge ihrer guten Stenographiekenntnisse war sie in der Lage, das, was die Stimme sagte, mitzuschreiben, obwohl die Informationen sehr schnell flossen. Sie schrieb bei vollem Bewußtsein. Es handelte sich weder um automatisches Schreiben, noch war sie in Trance oder einem ähnlichen Zustand. Wenn sie das Diktat aufnahm und beispielsweise das Telefon klingelte, legte sie ihren Stift nieder, nahm den Anruf entgegen und ging dann wieder an die Arbeit, um das zu beenden, was sie gerade geschrieben hatte. Oft war sie fähig, es an derselben Stelle wiederaufzunehmen, was um so bemerkenswerter erscheint, wenn man weiß, daß ein Großteil des Kurses in fünffüßigen Jamben geschrieben ist. Bei allem, was Helen tat, ging ihr weder jemals das Versmaß verloren noch der Sinn dessen, was die Stimme ihr diktierte.

Was Helen vielleicht die größte Angst einflößte, war der Umstand, daß die Stimme sich als Jesus zu erkennen gab. Ein beträchtlicher Teil des Kurses ist in der Ichform geschrieben, in der Jesus viel über seine Kreuzigung spricht. Über die Identität der Stimme besteht kein Zweifel. Der Kurs sagt allerdings, man müsse nicht unbedingt glauben, daß es sich um die Stimme Jesu handele, um aus seinen Aussagen Nutzen zu ziehen. Meiner Meinung nach erleichtert es den Umgang mit dem Kurs, denn dann müssen Sie beim Lesen keine geistigen Verrenkungen machen. Aber es ist nicht notwendig, um seine Prinzipien zu praktizieren. Das wird im Kurs selbst gesagt. Es gibt einen Abschnitt über Jesus im Handbuch für Lehrer, wo es heißt, daß wir Jesus nicht unbedingt in unser Leben hereinlassen müssen, er uns jedoch noch mehr helfen würde, wenn wir es täten (B-5.6:6-7).

Für Helen stand außer Frage, daß die Stimme Jesus war, und dies verstärkte ihre Angst noch mehr. Es war für sie keine angenehme Erfahrung. Sie machte die Arbeit, weil sie es auf irgendeine Weise für ihre Pflicht hielt. Einmal beklagte sie sich ziemlich bitter bei Jesus: »Warum hast du ausgerechnet mich gewählt? Warum nicht eine nette heilige Nonne oder so jemand? Ich bin wirklich die letzte, die das tun sollte.« Er antwortete: »Ich weiß gar nicht, warum du das sagst. Schließlich tust du es ja.« Das konnte sie schlecht bestreiten, da sie bereits mit der Arbeit begonnen hatte, und offensichtlich war sie wirklich bestens dafür geeignet.

Sie notierte den Wortlaut des Kurses jeden Tag, gewöhnlich auf ihrem Stenoblock. Immer wenn es die Zeit in ihrem gedrängten Terminkalender erlaubte, diktierte sie Bill am nächsten Tag, was ihr diktiert worden war, und er tippte es dann. Bill hat scherzend erzählt, daß er gewöhnlich immer einen Arm um Helen legen mußte, um sie zu stützen, während er mit dem anderen schrieb. Allein das Vorlesen dessen, was sie notiert hatte, bereitete Helen schon große Schwierigkeiten. Auf diese Weise wurde *Ein Kurs in Wundern* niedergeschrieben, ein Prozeß, der einen Zeitraum von sieben Jahren in Anspruch nahm.

Der Kurs umfaßt drei Bände: das Textbuch, das Übungsbuch und das Handbuch für Lehrer. Das Textbuch, das von den drei Büchern am schwierigsten zu lesen ist, vermittelt die theoretischen Grundlagen des Kurses. Das Übungsbuch enthält 365 Lektionen, eine für jeden Tag im Jahr, und dient der praktischen Anwendung der im Textbuch dargelegten Prinzipien. Das Handbuch für Lehrer, ein wesentlich kürzerer Band, läßt sich am leichtesten lesen, weil es aus Antworten auf einige der Fragen besteht, die sich dem Leser mit großer Wahrscheinlichkeit stellen werden. Es bietet eine gute Zusammenfassung vieler Kursprinzipien. Als eine Art Anhang gibt es außerdem einen Abschnitt zur Begriffsklärung, der einige Jahre nach Fertigstellung des Kurses verfaßt wurde. Es handelte sich um den Versuch, einige der im Kurs verwendeten Begriffe zu definieren. Wenn Sie allerdings die Bedeutung dieser Wörter nicht bereits kennen, wird es Ihnen nicht helfen, diesen Abschnitt zu lesen. Er enthält jedoch einige sehr schöne Passagen.

Helen und Bill nahmen keine Korrekturen vor. Die vorliegenden Bücher sind im wesentlichen so, wie sie durchgegeben wurden. Veränderungen waren nur insofern notwendig, als beim Diktat des Textes keine Unterteilung in Abschnitte und Kapitel angegeben wurde. Das gleiche gilt für Satzzeichen und Absätze. Helen und Bill leisteten die Anfangsarbeit bei der Strukturierung des Textes. Als ich 1973 dazukam, ging ich das gesamte Manuskript mit Helen noch einmal durch. Die Unterteilung in Abschnitte sowie die Kapitelüberschriften stammen also von uns. Das Übungsbuch erwies sich als unproblematisch, da es in Form von Lektionen kam, während das Handbuch für Lehrer durch die Fragen und Antworten strukturiert war. Im wesentlichen stellte sich das Problem im Textbuch, aber da das Originalmaterial sehr oft in logischen Abschnitten diktiert wurde, erwies sich die Aufteilung in Abschnitte und Kapitel dort nicht als schwierig. Während der ganzen Arbeit spürten wir, daß wir die Führung von Jesus hatten und daß alles, was wir taten, mit seiner Zustimmung geschah.

Zu Anfang des Diktats kam viel persönlicher Stoff, um Helen und Bill zu helfen, die Ereignisse zu verstehen, und ihnen zu zeigen, wie sie einander unterstützen könnten. Dazu gehörten Informationen, die ihnen helfen sollten, das, was ihnen da gegeben wurde, zu akzeptieren. Da Helen und Bill Psychologen waren, erhielten sie Angaben über Freud und andere, mit denen die Kluft zwischen ihrem Wissensstand und den Aussagen des Kurses überbrückt wurde. Jesus wies sie an, diese Texte aus dem naheliegenden Grund herauszunehmen, daß sie für die grundlegende Lehre des Kurses nicht relevant waren. Daraus ergab sich allerdings das Problem stilistischer Lücken. So fügten wir manchmal ein oder zwei Sätze hinzu, nicht aus inhaltlichen Gründen, sondern lediglich, um den Übergang zu glätten. Das geschah allerdings nur ganz am Anfang.

Den Stil der ersten vier Kapitel empfanden wir immer als problematisch. Es sind die Teile, die mit am schwierigsten zu lesen sind. Meiner Ansicht nach liegt es daran, daß die persönlichen Texte herausgenommen wurden. Das macht das Lesen ein wenig mühsam, auch wenn wir unser möglichstes taten, um den Text zu glätten. Auch war Helen anfangs so entsetzt über die Ereignisse, daß Stil und

Formulierung häufig litten, ohne daß jedoch der Sinn des Diktats beeinträchtigt wurde.

Ganz am Anfang beispielsweise wurde der Begriff »HEILIGER GEIST« nicht verwendet. Helen hatte eine solche Angst vor diesem Wort, daß Jesus die Formulierung »spirituelles Auge« wählte. Diese wurde später nach seiner Anweisung durch »HEILIGER GEIST« ersetzt. Aus dem gleichen Grund fand auch das Wort »CHRISTUS« anfangs keine Verwendung, wurde aber im weiteren Verlauf diktiert. Nach den ersten ein oder zwei Monaten gewann Helen langsam ihre Fassung zurück, so daß der Kurs ab dem fünften Kapitel praktisch genauso ist, wie er durchgegeben wurde.

Die Großschreibung war ebenfalls kein Bestandteil des Diktats. Da Helen dazu neigte, jedes Wort groß zu schreiben, das auch nur im entferntesten mit GOTT zu tun hatte, blieb mir die undankbare Aufgabe, festzulegen, welche Wörter groß zu schreiben waren und welche nicht. Es gab allerdings einige Wörter, bei denen Jesus aus Verständnisgründen auf eine Großschreibung drang.

Helen, die Texte für wissenschaftliche Publikationen fast zwanghaft gründlich redigierte, geriet nicht selten in Versuchung, gewisse Wörter nach ihrem eigenen stilistischen Geschmack zu verändern. Aber sie wurde immer wieder aufgefordert, es zu unterlassen, und sie fügte sich, was große Willenskraft erforderte. Manchmal veränderte sie Worte. Doch da sie ein außerordentlich gutes Gedächtnis besaß, konnte sie sich an die Stellen erinnern. Zwei- oder dreihundert Seiten später fand sie heraus, daß ein bestimmtes Wort deswegen gewählt worden war, weil später darauf Bezug genommen wurde. So blätterte sie immer zurück und tauschte den von ihr veränderten Begriff wieder aus.

Ein Kurs in Wundern wurde im Herbst 1972 fertiggestellt. Ich lernte Helen und Bill im Winter desselben Jahres kennen. Ein gemeinsamer Freund von uns, ein Priester und Psychologe, der bei Helen und Bill einen Teil seiner Ausbildung absolviert hatte, wußte vom Kurs. Er und ich freundeten uns in jenem Herbst an. Damals wollte ich gerade nach Israel fahren. Kurz vor meiner Abreise bestand er darauf, mich mit seinen beiden Freunden bekannt zu machen. Wir verbrachten einen gemeinsamen Abend, in dessen Verlauf das Buch über Spiritualität erwähnt wurde, das Helen geschrieben hatte. Allerdings verlautete nichts weiter darüber, was es war oder woher es kam.

Das Treffen fand in Bills Wohnung statt. Ich erinnere mich, wie er auf eine Ecke wies, wo ein Stapel von sieben dicken Ordnern lag, in denen der Kurs eingebunden war. Damals nahm ich so gut wie nichts mit nach Israel, und ich hatte nicht das Gefühl, daß ich dieses dicke Buch anfangen sollte. Das, was sie erzählten, faszinierte mich jedoch sehr, wenn es auch nur wenig war. Den restlichen Abend verbrachte ich mit dem Priester, und er sagte mir, daß er eine Kopie des Buches habe, falls ich es sehen wolle. Ich spürte sehr deutlich, daß dies nicht der richtige Zeitpunkt war, es zu lesen. Während meines Israelaufenthaltes dachte ich jedoch ständig an das Buch. In einem Brief hatte ich Helen geschrieben, daß ich daran interessiert sei, bei meiner Rückkehr in ihr Buch hineinzuschauen. Später erzählte sie mir, daß ich »book« mit einem großen »B« geschrieben hatte, was mir nicht aufgefallen war. Normalerweise pflege ich solche Wörter nicht groß zu schreiben, aber damals habe ich es offenbar getan.

Wie gesagt, ging mir in Israel das Buch nicht aus dem Kopf. Ich dachte, daß es etwas Wichtiges für mich enthielte. Im Frühjahr 1973 kam ich zurück, lediglich in der Absicht, meine Familie und meine Freunde zu besuchen, um dann nach Israel zurückzukehren und auf unbestimmte Zeit in einem Kloster zu bleiben. Allerdings war ich sehr daran interessiert, das Buch zu sehen, und hielt es für wichtig, Helen und Bill zu besuchen. Von dem Augenblick an, wo ich hineinschaute, änderte ich meine gesamten Pläne und beschloß, in New York zu bleiben.

Für mich ist *Ein Kurs in Wundern* die beste Integration von Psychologie und Spiritualität, die ich jemals gesehen habe. Zur damaligen Zeit wußte ich nicht wirklich, daß in meinem spirituellen Leben etwas fehlte, aber als ich den Kurs sah, erkannte ich, daß er in der Tat das war, was ich gesucht hatte. Und wenn man einmal gefunden hat, was man sucht, dann bleibt man dabei.

Es ist wichtig zu wissen, daß der Kurs, wie er selbst klar darlegt, nicht den einzigen Weg zum HIMMEL darstellt. Auf den ersten Seiten des Handbuchs für Lehrer heißt es, daß er eine besondere Form des universellen Kurses unter Tausenden von anderen ist (H-1.4:1-2). *Ein Kurs in Wundern* ist nicht für alle Menschen gedacht, und es wäre ein Fehler, das zu glauben. Nichts ist für alle gedacht. Meiner Ansicht nach handelt es sich um einen wichtigen Weg, der dieser Welt gegeben wurde. Dennoch eignet er sich nicht für jeden. Denjenigen, deren Weg er nicht ist, wird der HEILIGE GEIST etwas anderes geben.

Es wäre falsch, wenn ein Mensch, der sich mit dem Kurs nicht wohl fühlt, mit ihm kämpfen würde, um dann schließlich den Eindruck zu gewinnen, versagt zu haben. Das liefe all dem zuwider, was der Kurs selbst sagt. Es ist nicht seine Absicht, Menschen schuldig zu machen. Ganz im Gegenteil! Aber für diejenigen, deren Weg er ist, ist er die Anstrengung wert.

Frage: Ich habe gehört, daß viele Menschen mit dem Kurs anfangen, aber dann ein enormer Widerstand aufkommt.

Antwort: Ganz richtig! Wenn jemand mit dem Kurs arbeitet, ohne eine Phase zu durchlaufen, in der er ihn aus dem Fenster, in die Toilette oder jemandem an den Kopf wirft, dann arbeitet er wahrscheinlich nicht ernsthaft mit ihm. Über die Gründe werden wir später noch detaillierter sprechen. Der allgemeine Grund ist, daß *Ein Kurs in Wundern* zu all dem im Widerspruch steht, was wir glauben. An nichts jedoch halten wir so hartnäckig fest wie an unserem Glaubenssystem, ganz gleich, ob es wahr oder falsch ist. An einer Stelle des Kurses heißt es: »Möchtest du lieber recht haben oder glücklich sein?« (T-29.VII.1:9). Die meisten von uns würden es vorziehen, recht zu haben, und nicht, glücklich zu sein. Der Kurs bildet einen Widerspruch zu unserem Denken und beschreibt bis in die Einzelheiten, wie unrecht das Ego hat. Da wir uns alle sehr mit dem Ego identifizieren, werden wir also gegen ihn ankämpfen. Meiner Meinung nach stimmt wirklich etwas nicht, wenn bei einem Schüler an dem einen oder anderen Punkt keine Widerstände oder Schwierigkeiten auftreten.

Zu Anfang gab es buchstäblich nicht mehr als eine Handvoll Menschen, die von der Existenz des Kurses wußten, und vielleicht noch nicht einmal eine Handvoll. Helen und Bill behandelten ihn beide, als sei er ein tiefes, dunkles und schreckliches Geheimnis. Kaum jemand von ihren Angehörigen, Freunden oder Kollegen wußte irgend etwas davon. Als Teil des Plans erhielten sie kurz vor der Entstehung des Kurses Büros, die sehr abgeschirmt und abgelegen waren. Auf diese Weise konnten sie das Manuskript fertigstellen, ohne daß es ihre Arbeit störte, obwohl sie während dieser Zeit enorm viel zu tun hatten. Dennoch wußte niemand, womit sie sich befaßten. Sie hüteten den Kurs buchstäblich im Schrank wie ein gutverschlossenes Geheimnis, und das war auch noch der Fall, als ich dazukam.

Das erste Jahr, in dem Helen, Bill und ich zusammen waren, verbrachten wir damit, das Manuskript durchzusehen, bis alles dem entsprach, wie es sein sollte. Wir überprüften sämtliche Überschriften, und Helen und ich gingen den gesamten Text noch einmal Wort für Wort durch, was etwa ein Jahr in Anspruch nahm. Anschließend ließen wir das Manuskript neu tippen. Gegen Ende 1974 oder Anfang 1975 hatten wir den Kurs fertiggestellt, ohne daß uns klar war, wofür. Er schlummerte sozusagen immer noch im verborgenen, nur wußten wir nun, daß er zur Verfügung stand.

Im Frühjahr 1975 tauchte die nächste Person auf, Judith Skutch. Wie sie dazukam, ist eine interessante Geschichte, auf die ich hier nicht näher eingehen will. Unerwartetes zog Unerwartetes nach sich. Sie kam mit dem Parapsychologen Douglas Dean, der einigen von Ihnen vielleicht ein Begriff ist. Eines Nachmittags erschienen sie in der medizinischen Fakultät, allem Anschein nach aus einem anderen Grund. Wir hatten das Gefühl, daß wir Douglas und Judy vom Kurs erzählen sollten. In dem Augenblick, als wir es taten, war es fast so, als ob er unsere Hände verließe und für den nächsten Schritt in Judys Hände überginge. Das führte schließlich zur Publikation des Kurses. Da wir auf diesem Gebiet keinerlei Erfahrung besaßen, empfanden wir dies nicht als unsere Verantwortung. Wir hielten es allerdings für unsere Pflicht, den Kurs der passenden Person anzuvertrauen und darauf zu achten, daß er in der richtigen Weise veröffentlicht würde, ohne aber selbst daran beteiligt zu sein. Das war Judys Aufgabe, die sie in der Tat sehr gut meisterte.

In der amerikanischen Ausgabe tragen die Bücher das Copyright-Datum von 1975, obwohl sie erst 1976 gedruckt wurden. Im Jahre 1975 stellte eine Freundin von Judy einen Lichtsatz vom Kurs her und druckte auf diese Weise dreihundert Exemplare. Erst 1976 erschien *A Course in Miracles* in seiner vorliegenden Form, was ein »Wunder« nach dem anderen beinhaltete. Es grenzte wahrhaftig schon ans »Wunderbare«, wie schnell alles passierte. Die Bücher haben inzwischen (1994) allein in den verschiedenen englischsprachigen Ausgaben eine Auflage von ca. 900 000 Exemplaren erreicht.

A Course in Miracles* wird von der »Foundation for Inner Peace« publiziert und verbreitet. Der Kurs ist weder eine Bewegung noch eine Religion oder eine neue Kirche. Er ist vielmehr ein Denksystem, durch das Menschen ihren eigenen Weg zu GOTT finden und die im Kurs dargelegten Prinzipien praktizieren können. Wie die meisten von Ihnen wissen, gibt es dafür Gruppen in ganz Amerika, die von allein zustande kommen. Wir hielten es immer für sehr wichtig, keine Organisation aufzubauen, die als maßgebliche Autorität fungiert.

Niemand von uns wollte die Rolle eines Gurus übernehmen. Helen war darin sehr klar. Immer wieder kamen Leute, um sich ihr buchstäblich zu Füßen zu setzen, und sie trat ihnen fast auf den Kopf. Sie wollte auf keinen Fall zur zentralen Figur des Kurses gemacht werden. Sie spürte, daß Jesus oder der HEILIGE GEIST die Hauptperson von *Ein Kurs in Wundern* ist, und so sollte es auch sein. Das war ihr sehr wichtig. Alles andere hätte bedeutet, eine kirchenähnliche Struktur aufzubauen. Und das wäre das letzte, was der Autor des Kurses wollte.

---

* Deutsche Ausgabe: *Ein Kurs in Wundern*, Greuthof Verlag 1994

F: Wovon lebten die Beteiligten die ganzen Jahre über?

A: Helen und Bill hatten jeweils eine volle Stelle, während ich neben einer psychotherapeutischen Halbtagspraxis eine Teilzeitstelle an der medizinischen Fakultät innehatte. Da ich in der Lage war, meine Aufgaben rasch zu erfüllen, konnten Helen und ich den Rest der Zeit damit verbringen, den Kurs zu redigieren und alles Notwendige zu erledigen. Das alles geschah in unserer »Freizeit«, wobei ich glaube, daß damals unsere Stellen unsere Freizeit waren. Aber während der Kurs diktiert wurde, waren Helen und Bill beruflich sehr eingespannt.

F: Verlautete jemals etwas darüber, warum der Kurs zu diesem Zeitpunkt kam?

A: Ja. Zu Beginn des Diktats erhielt Helen eine Erklärung für das, was geschah. Es hieß, daß eine »himmlische Beschleunigung« stattfinde. Jesus sagte ihr, die Welt sei in einem ziemlich schlechten Zustand – was für jeden, der sich umschaut, offensichtlich ist. Das war Mitte der 60er Jahre, und der Zustand der Welt hat sich jetzt, wie es scheint, noch weiter verschlimmert. Die Menschen, so hieß es, seien in sehr großen Schwierigkeiten. Einige würden gebeten, mit ihren speziellen Fähigkeiten zu dieser himmlischen Beschleunigung beizutragen, um zu helfen, die Dinge in Ordnung zu bringen. Helen und Bill waren nur zwei von vielen, die ihre besondere Begabung für diesen Plan zur Verfügung stellten. Seit etwa 15 Jahren gibt es eine starke Verbreitung von Texten, die für sich in Anspruch nehmen, inspiriert zu sein. Der Zweck all dessen ist, zu helfen, das Denken der Menschen über das Wesen dieser Welt zu verändern. *Ein Kurs in Wundern* stellt nur einen von vielen Wegen dar; das ist wichtig. Ich betone das so stark, weil das schwierigste Problem, das der Kurs behandelt und worüber wir später noch sprechen werden, die besonderen Beziehungen sind. Es liegt eine große Versuchung darin, eine besondere Beziehung zum Kurs aufzubauen und ihn zu etwas wirklich Speziellem im negativen Sinn zu machen. Das wird noch klarer, wenn wir dies später erörtern.

2

EINSGESINNTHEIT:
Die Welt des HIMMELS

Bei der Darstellung der Gedanken von *Ein Kurs in Wundern*
erweist es sich als hilfreich, den Stoff in drei Teile zu unter-
gliedern, da der Kurs drei verschiedene Denksysteme repräsentiert: die EINSGESINNTHEIT, die die Welt des HIMMELS
darstellt; die Falschgesinntheit, das Denksystem des Ego;
und die Rechtgesinntheit, die das Denksystem des HEILIGEN
GEISTES bezeichnet.*

Ebenso ist es zu Anfang hilfreich, sich klarzumachen,
daß *Ein Kurs in Wundern* auf zwei verschiedenen Ebenen
geschrieben ist (siehe das Diagramm auf der nächsten
Seite). Die erste Ebene stellt den Unterschied zwischen dem
EINEN GEIST und dem gespaltenen Geist dar, während auf
der zweiten Ebene Recht- und Falschgesinntheit gegenübergestellt werden. Auf der ersten Ebene gelten beispielsweise die Welt und der Körper als vom Ego hervorge-
brachte Illusionen. Sie symbolisieren also die Trennung
von GOTT.

Die zweite Ebene bezieht sich auf diese Welt, in der wir
zu sein glauben, und auf dieser Ebene werden die Welt und

---

* Definition der Begriffe siehe Glossar im Anhang.

EBENE I

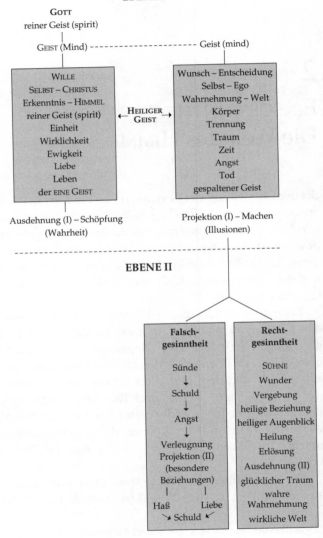

GOTT
reiner Geist (spirit)

GEIST (Mind) - Geist (mind)

WILLE	Wunsch – Entscheidung
SELBST – CHRISTUS	Selbst – Ego
Erkenntnis – HIMMEL	Wahrnehmung – Welt
reiner Geist (spirit)	Körper
Einheit	Trennung
Wirklichkeit	Traum
Ewigkeit	Zeit
Liebe	Angst
Leben	Tod
der EINE GEIST	gespaltener Geist

← HEILIGER GEIST →

Ausdehnung (I) – Schöpfung   Projektion (I) – Machen
(Wahrheit)   (Illusionen)

- -

EBENE II

Falsch-gesinntheit	Recht-gesinntheit
Sünde ↓	SÜHNE
Schuld ↓	Wunder
Angst ↓	Vergebung
Verleugnung Projektion (II) (besondere Beziehungen)	heilige Beziehung
Haß Liebe	heiliger Augenblick
↘ Schuld ↙	Heilung
	Erlösung
	Ausdehnung (II)
	glücklicher Traum
	wahre Wahrnehmung
	wirkliche Welt

30

der Körper als neutral betrachtet und können einem von zwei Zielen dienen. Für das falschgesinnte Ego sind sie Instrumente, um die Trennung zu verstärken. Für die Rechtgesinntheit sind sie Lehrmittel des HEILIGEN GEISTES, mit deren Hilfe wir seine Lektionen der Vergebung lernen. Auf dieser zweiten Ebene bezieht sich der Begriff der Illusion also auf die falschen Wahrnehmungen des Ego, die darin bestehen, beispielsweise einen Angriff anstelle eines Rufes nach Liebe oder eine Sünde anstelle eines Irrtums zu sehen.

Lassen Sie uns nun mit diesem Vorverständnis die drei Denksysteme des Kurses besprechen. Wir wollen mit dem ersten beginnen, dem in Wirklichkeit einzigen, das am Anfang des Textbuches als die EINSGESINNTHEIT CHRISTI oder GOTTES beschrieben wird. Es ist ein Denksystem, das nichts mit dieser Welt zu tun hat. Ich werde es jetzt kurz erläutern, um es dann beiseite zu legen, weil es nicht das Hauptziel des Kurses ist. Es untermauert ihn zwar und liefert ihm sein Fundament, aber dort ist nicht die wirkliche Arbeit zu leisten.

Die EINSGESINNTHEIT meint die Welt des HIMMELS, die *Ein Kurs in Wundern* als Erkenntnis bezeichnet. Was unter anderem Schwierigkeiten beim Lesen des Kurses bereitet, ist, daß er bestimmte Begriffe auf eine andere Weise benutzt, als wir das im üblichen Sprachgebrauch tun. Wenn Sie beim Kurs von Ihrem eigenen Verständnis eines Wortes ausgehen, bekommen Sie Probleme. Wörter wie »Sünde«, »Welt«, »Wirklichkeit«, »GOTT«, »Jesus«, »Erkenntnis« etc. werden etwas anders benutzt als gewöhnlich. Um dem Kurs gerecht zu werden und zu begreifen, was er sagt, ganz gleich, ob Sie damit übereinstimmen oder nicht, müssen Sie die Bedeutung und Verwendung der Begriffe im spezifischen Zusammenhang des Kurses verstehen.

Einer dieser Begriffe ist »Erkenntnis«. Der Kurs benutzt »Erkenntnis« nicht im üblichen Sinn. Erkenntnis bezieht sich nur auf GOTT, und die Welt der Erkenntnis hat nichts mit dieser Welt zu tun. Erkenntnis ist kein Glaube oder Denksystem, sie ist eine Erfahrung, und zwar eine Erfahrung, die diese Welt transzendiert. Die Welt des HIMMELS, die Welt der Erkenntnis oder GOTTES Welt des reinen Geistes meinen also dasselbe. Wenn *Ein Kurs in Wundern* von der Welt des reinen Geistes spricht, hat das nichts mit der Welt der Materie zu tun. Der reine Geist ist unsere wahre Wirklichkeit, unser wahres Zuhause. Wie gesagt, steht er in keinerlei Beziehung zu dem, was wir hier als unsere Wirklichkeit empfinden.

Das zentrale Konzept im HIMMEL oder in der Welt der Erkenntnis bildet die DREIEINIGKEIT. Bevor ich darauf eingehe, wie der Kurs DREIEINIGKEIT definiert, möchte ich vorher noch über einen Einwand sprechen, den viele Leute gegen den Kurs erheben. Er lautet: Wenn Thema und Denken des Kurses universellen Charakter haben – nämlich, daß wir alle eins sind –, warum kam er dann in einer spezifisch christlichen Form?

Die Antwort findet sich in einem der fundamentalen Prinzipien des Kurses, das da lautet: Man muß den Irrtum dort aufheben, wo er ist. Es steht außer Frage, daß das Christentum den dominantesten Einfluß in der westlichen Welt ausübt. Auf der Welt gibt es kein einflußreicheres Denksystem, unabhängig davon, ob man sich zum Christentum bekennt oder nicht. Es gibt niemanden auf dieser Welt, und ganz gewiß nicht in der westlichen Welt, bei dem das Christentum keine Spuren hinterlassen hätte. Ganz gleich, ob wir uns mit dem Christentum identifizieren oder nicht, wir leben in einer christlichen Welt. Allein schon unser Kalender basiert auf der Geburt und dem Tod von Jesus.

Allerdings hat sich das Christentum als nicht sehr christlich erwiesen, was, wenn man sich die Kirchengeschichte anschaut, unbestreitbar ist.

Da die christliche Religion einen so mächtigen Einfluß auf die Welt ausgeübt hat und immer noch ausübt – und es war kein sehr christlicher Einfluß –, galt es zunächst, die Irrtümer des Christentums aufzuheben, um im nächsten Schritt das Denken der Welt radikal zu verändern. Deswegen erhielt meiner Ansicht nach *Ein Kurs in Wundern* seine spezifisch christliche Form.

Jeder Leser des Kurses, der von einem christlichen Hintergrund kommt, wird rasch erkennen, daß das vom Kurs vertretene Christentum nichts mit der Religion gemein hat, die er gelehrt wurde. Helens Mann Louis, der sich sehr mit dem Judentum identifiziert, sagte einmal zu mir, daß es sicherlich keinen Antisemitismus gegeben hätte, wenn das Christentum dem Kurs geglichen hätte. Das ist zweifellos wahr.

Der Kurs kam also eigens in dieser Form, um die mit dem Christentum entstandenen Irrtümer zu korrigieren. Im gesamten Kurs, besonders in den Anfangskapiteln des Textbuches, finden sich zahlreiche Verweise (über achthundert) auf die Heilige Schrift und Neuinterpretationen vieler biblischer Stellen. Das dritte und das sechste Kapitel beginnen mit sehr beeindruckenden Abschnitten über die Kreuzigung, in denen Jesus die biblischen Aussagen korrigiert und aufzeigt, inwiefern die Menschen seine Kreuzigung mißverstanden haben (T-3.I.; T-6.I.). Er erklärt, warum das geschah und wie sich aus diesem Fehler ein ganzes Denksystem entwickelte. Die Aussagen von Jesus sind nicht im traditionellen Sinne christlich, obwohl die Prinzipien dem Christentum entsprechen, das er ursprünglich gemeint hat.

Daher ist *Ein Kurs in Wundern* also von der Form her christlich, und aus demselben Grund sagt Jesus mehrmals im Text, daß er unsere Vergebung brauche. Das gilt für jeden, ob Sie Christ, Jude oder Atheist sind. Es gibt niemanden auf der Welt, der auf der einen oder anderen Ebene, bewußt oder unbewußt, Jesus nicht zu einem Feind gemacht hat. Es ist derselbe Grund, aus dem Menschen seinen Kurs für einen Feind halten: Er bedroht die Grundlage selbst des Egosystems. Um also über das, was das Christentum war, hinausgehen zu können, müssen wir dem Christentum erst vergeben, was ganz den Prinzipien des Kurses entspricht.

Der Umstand, daß der Kurs die christliche Terminologie verwendet, erweist sich für praktisch jeden Leser als Stein des Anstoßes. Es ist ein offensichtlicher Stolperstein für Menschen, die im jüdischen Glauben aufgewachsen sind, weil man als Jude sehr früh lernt, daß »Jesus« ein negatives Wort ist. Auch die meisten Christen stolpern über diesen Punkt, weil der Kurs ein Christentum ausdrückt, das sich von dem unterscheidet, welches sie bis dahin kannten. Für Atheisten ergeben sich selbstverständlich auch Probleme. Es gibt also so gut wie niemanden, der mit *Ein Kurs in Wundern* aufgrund seiner Form nicht irgendwelche Schwierigkeiten bekommen wird. Deswegen war die christliche Form ebenso wohlüberlegt wie der Umstand, daß Jesus keinen Hehl daraus macht, der Verfasser des Kurses zu sein. Der Sinn ist, den Menschen zu helfen, ihm zu vergeben und sich selbst ihre falschen Interpretationen zu vergeben.

F: Können Sie etwas über die poetische Form sagen?
A: Helen liebte Shakespeare. Der im Kurs viel verwendete fünffüßige Jambus ist der Stil Shakespeares. Es finden sich

auch mehrere Anspielungen auf Stücke von Shakespeare, und die im Kurs zitierte Bibel ist die aus der Shakespeare-Zeit stammende King-James-Ausgabe. Doch wenngleich es einige auffällige Parallelen zur Bibel gibt, unterscheidet sich der Kurs, wie gesagt, wirklich von dem, was wir als biblisches Christentum bezeichnen könnten.

Ein letzter Punkt: Da der Kurs das Christentum korrigieren will, verwendet er bewußt christliche Begriffe für die DREIEINIGKEIT, und das sind männliche Begriffe. Hier liegt ein weiterer Einwand, den viele Menschen gegen den Kurs erheben. Es lassen sich zwei Gründe dafür anführen. Zum einen ist die Sprache des Juden- und des Christentums männlich, was der Kurs einfach übernimmt. Zum anderen ist ein so großer Teil des Kurses in poetischer Form geschrieben, daß es ein wenig umständlich wäre, immer »sein bzw. ihr« sagen zu müssen. Ich kann Ihnen aber versichern, daß Jesus, der Verfasser des Kurses, weder ein Sexist noch ein Chauvinist ist.

Lassen Sie uns nun über die DREIEINIGKEIT sprechen. Die ERSTE PERSON der DREIEINIGKEIT ist selbstverständlich GOTT, die QUELLE allen Seins. ER wird im Kurs häufig als VATER bezeichnet, was wiederum rein aus der jüdisch-christlichen Tradition genommen ist. Von IHM ist auch als dem SCHÖPFER die Rede. Alles stammt von IHM. GOTTES Wesen ist von seiner Essenz her reiner Geist, und da GOTT unwandelbar, gestaltlos, ewig und reiner Geist ist, kann das, was nicht an diesen Eigenschaften teilhat, nicht wirklich sein. Deswegen heißt es im Kurs, daß die Welt nicht wirklich und nicht von GOTT geschaffen ist, da sie veränderbar, endlich und materielle Form ist. Also kann sie nicht von GOTT stammen.

Die ZWEITE PERSON der DREIEINIGKEIT ist CHRISTUS. Die Schöpfung vollzog sich, indem GOTT sich ganz natürlich

2 EINSGESINNTHEIT: *Die Welt des* HIMMELS

ausdehnte. Es entspricht dem natürlichen Zustand des Geistes, sich auszudehnen und zu fließen. Die Ausdehnung GOTTES ist die Schöpfung und wird als GOTTES SOHN oder CHRISTUS bezeichnet. Das läßt sich deswegen schwer verstehen, weil die einzigen uns zur Verfügung stehenden Begriffe oder Konzepte diejenigen unserer eigenen Welt sind, einer durch Zeit und Raum begrenzten Welt der Wahrnehmung. Es ist das materielle Universum, das wir als Ersatz für den HIMMEL erfunden haben. Genauer darauf einzugehen würde den Rahmen eines eintägigen Seminars sprengen.

Im HIMMEL gibt es weder Zeit noch Raum. Wenn wir uns vorstellen, wie GOTT sich ausdehnt, ist das einzige vor unseren Augen erstehende Bild ein zeitliches und räumliches, und das ist nicht richtig. *Ein Kurs in Wundern* sagt in solchen Fällen: Versuche gar nicht, etwas zu verstehen, was man nicht verstehen kann. An einer Stelle im Übungsbuch wird die Formulierung »sinnlose Grübeleien« (Ü-I.139.8:5) dafür benutzt, und genau das sind sie auch. Wie *Ein Kurs in Wundern* sagt, können wir die Wahrheit nur durch eine Offenbarung verstehen, und diese ließe sich dann unmöglich in Worte fassen. Worte sind nur Symbole von Symbolen und deswegen zweifach von der Wirklichkeit entfernt (H-21.1:9-10).

GOTTES SOHN oder CHRISTUS dehnt sich nun ebenfalls aus. Die Ausdehnung GOTTES ist SEIN SOHN, CHRISTUS. CHRISTUS ist eins. Es gibt nur einen GOTT und nur einen SOHN. Das, was geschieht, wenn GOTT SEINEN GEIST ausdehnt, gleicht also dem Vorgang, bei dem GOTTES SOHN den SEINEN ausdehnt. Das führt uns zu einem der zweideutigsten Begriffe im Kurs, nämlich dem Begriff »Schöpfungen«. Der Kurs meint mit diesem Wort die Ausdehnungen des Geistes CHRISTI. Ebenso wie GOTT CHRISTUS schuf, erschafft auch CHRISTUS. Die Ausdehnungen CHRISTI im HIMMEL werden als Schöpfungen bezeichnet. Das ist ein Bereich, den der Kurs nicht zu erklären versucht. Wenn Sie auf dieses Wort stoßen, genügt es zu wissen, daß es einfach den natürlichen Prozeß der Ausdehnung des Geistes beschreibt.

Ein Kurs in Wundern weist deutlich darauf hin – und das ist ein sehr wichtiger Punkt –, daß wir, obwohl wir als CHRISTUS in der gleichen Weise wie GOTT erschaffen, nicht GOTT erschaffen haben. Wir sind nicht GOTT. Wir sind Ausdehnungen GOTTES, wir sind GOTTES SÖHNE, aber wir sind nicht die QUELLE. Es gibt nur eine QUELLE, und das ist GOTT. Uns für GOTT, für die QUELLE des Seins, zu halten heißt genau das tun, was das Ego will: nämlich glauben, daß wir autonom sind und GOTT erschaffen können, so wie GOTT uns erschuf. Wenn Sie das annehmen, dann stellen Sie einen geschlossenen Kreis her, aus dem es keinen Ausweg gibt, denn dann behaupten Sie, der Autor Ihrer Wirklichkeit zu sein. Das bezeichnet der Kurs als das Autoritätsproblem. Nicht wir sind der Autor unserer Wirklichkeit, sondern GOTT ist es. Sobald wir uns für GOTT halten, erklären wir uns zu SEINEN Konkurrenten, und dann haben wir wirklich Probleme. Genau das ist der Urirrtum. Wir werden in Kürze darüber sprechen.

Am Anfang, und dieser Anfang liegt selbstverständlich jenseits der Zeit, gab es nur GOTT und SEINEN SOHN. Es war wie eine einzige große, glückliche Familie im HIMMEL. In einem seltsamen Augenblick, der in Wirklichkeit niemals stattfand, glaubte der SOHN GOTTES, er könne sich von seinem VATER trennen. Das ist der Moment, in dem sich die Trennung ereignete. Laut Kurs hätte dies in Wahrheit niemals geschehen können, denn wie könnte ein Teil GOTTES sich von GOTT lösen? Doch der Umstand, daß wir alle hier sind oder glauben, hier zu sein, scheint etwas anderes anzuzeigen. Der Kurs gibt keine wirkliche Erklärung für die Trennung. Er sagt bloß: So ist es. Versuche nicht zu fragen, wie das Unmögliche geschehen konnte, denn es konnte nicht geschehen. Wenn Sie wissen wollen, wie es sich ereignen konnte, sind Sie wieder mittendrin im Irrtum.

In unserem Denken jedoch schien es sich tatsächlich zu ereignen; es fand wirklich eine Trennung statt. In dem Augenblick, in dem wir glaubten, uns von GOTT getrennt zu haben, stellten wir ein völlig neues Denksystem auf (über das ich gleich sprechen werde), woraufhin GOTT SEINE KORREKTUR sandte, um diesen Fehler aufzuheben. Das ist die DRITTE PERSON der DREIEINIGKEIT. Sie finden dazu eine sehr gute Erklärung im fünften Kapitel des Textbuches, falls Sie sich eingehender damit befassen möchten. Es ist die erste Stelle, an der Jesus speziell über den HEILIGEN GEIST spricht und DESSEN Rolle erläutert: ER ist die ANTWORT auf die Trennung. Immer wenn Sie im Kurs das Wort »ANTWORT« in Kapitälchen vorfinden, können Sie es durch »HEILIGER GEIST« ersetzen.

Ein Kurs in Wundern beschreibt den HEILIGEN GEIST als Kommunikationsverbindung zwischen GOTT und SEINEM getrennten SOHN (T-6.I.19:1). Aus folgendem Grund ist ER die ANTWORT und hebt die Trennung auf: Da wir tatsächlich glauben, von GOTT getrennt zu sein – GOTT ist dort, und wir sind hier –, fungiert der HEILIGE GEIST als Bindeglied zwischen dem, wo wir zu sein glauben, und dem, wo wir wirklich sind, nämlich bei GOTT. Die Tatsache, daß es ein Bindeglied gibt, zeigt uns, daß wir nicht getrennt sind. In demselben Augenblick also, da wir glaubten, es gäbe eine Trennung, hob GOTT sie auf. Die Aufhebung der Trennung ist der HEILIGE GEIST.

Das ist das Denksystem, das der Kurs als Eɪɴꜱɢᴇꜱɪɴɴᴛ-ʜᴇɪᴛ bezeichnet. Es bildet das Fundament von allem, worüber wir noch sprechen werden. Man kann es nicht verstehen, sondern muß es einfach akzeptieren. Wenn wir alle wieder im Hɪᴍᴍᴇʟ sind, werden wir es verstehen und keine Fragen mehr haben.

3

Falschgesinntheit:
Das Denksystem des Ego

Die beiden für das Verständnis von *Ein Kurs in Wundern*
entscheidenden Denksysteme werden als Falschgesinntheit und Rechtgesinntheit bezeichnet. Falschgesinntheit
kann mit dem Ego gleichgesetzt werden. Rechtgesinntheit
ist mit dem Denksystem des HEILIGEN GEISTES identisch, der
Vergebung. Das Denksystem des Ego ist kein sehr ange-
nehmes. Der Kurs legt deutlich dar, daß das Denksystem
des Ego und auch dasjenige des HEILIGEN GEISTES in sich
selbst vollkommen logisch und konsequent sind. Zudem
schließen sie sich gegenseitig aus. Es erweist sich jedoch als
hilfreich, die Logik des Egosystems genau zu verstehen,
denn es *ist* sehr logisch. Wenn Sie erst einmal diesen logischen Aufbau begreifen, dann wird dies sehr vieles im Text
verständlich machen, was sonst unklar erscheint.

Eine der Schwierigkeiten beim Studium von *Ein Kurs in
Wundern* besteht darin, daß seine Vorgehensweise sich von
der anderer Denksysteme unterscheidet. Die meisten
Denksysteme verfahren linear, beginnen also mit einfachen
Ideen, die aufeinander aufbauen und zunehmend kom-
plexer werden. Anders der Kurs. Seine Gedanken werden
in einer zirkulären Weise präsentiert. Er kreist ständig um

denselben Inhalt. Stellen Sie sich einen Brunnen vor. Während Sie in dem Brunnen kreisen, kommen Sie immer tiefer, bis Sie auf den Grund gelangen. Der Grund des Brunnens wäre in diesem Fall GOTT. Tatsächlich beschreiben Sie immer denselben Kreis. Je tiefer Sie kommen, desto näher gelangen Sie an die Grundfeste des Egosystems. Es geht jedoch immer um dasselbe. Deswegen steht auch im Textbuch immer wieder dasselbe. Da es fast unmöglich ist, es beim ersten oder hundertsten Mal zu verstehen, brauchen Sie die 673 Seiten. Es handelt sich um einen Prozeß, und darin liegt einer der Unterschiede zwischen *Ein Kurs in Wundern* und anderen spirituellen Systemen. Obwohl der Kurs als sehr anspruchsvolles intellektuelles Denksystem präsentiert wird, ist er in Wirklichkeit ein Erfahrungsprozeß. Er ist absichtlich in der vorliegenden Weise geschrieben, von der pädagogischen Überlegung aus, daß wir ihn nicht wie jedes beliebige andere System studieren sollen, sondern daß es statt dessen darum geht, uns in diesem Brunnen herumführen zu lassen. Im Verlauf der Auseinandersetzung mit dem Inhalt des Kurses und dem Stoff unseres eigenen Lebens werden wir zunehmend verstehen, was der Kurs sagt. Trotzdem halte ich es für nützlich, das Denksystem des Ego linear durchzugehen, damit wir begreifen, wie es aufgebaut ist. Das wird das Studium des Textes erleichtern.

Sünde, Schuld und Angst

Es gibt drei Schlüsselbegriffe, um das Denksystem des Ego zu verstehen. Es sind die Grundbausteine des ganzen Systems: Sünde, Schuld und Angst. Immer wenn Sie das Wort »Sünde« im Kurs vorfinden, können Sie es durch das

Wort »Trennung« ersetzen, weil die beiden Begriffe identisch sind. Die Sünde, deren wir am meisten schuldig sind
und die die letztendliche Quelle all unserer Schuld bildet,
ist die Sünde, an eine Trennung von GOTT zu glauben – die
Thematik, die ich gerade eben beschrieben habe. Das entspricht in etwa dem, was die Kirche als »Erbsünde« gelehrt
hat. Die Beschreibung im dritten Kapitel Genesis gibt eine
perfekte Darstellung von der Geburt des Ego, worauf im
ersten Abschnitt des zweiten Textbuchkapitels Bezug genommen wird (T-2.I.3-4).

Der Anfang des Ego liegt also im Glauben, daß wir
uns von GOTT getrennt haben, und darin besteht die Sünde.
Sie ist die Überzeugung, uns von unserem SCHÖPFER getrennt und ein Selbst hergestellt zu haben, das von unserem
wahren SELBST getrennt ist. Das SELBST ist synonym mit
CHRISTUS. Immer wenn Sie das Wort »SELBST« in Kapitälchen gedruckt finden, können Sie es durch »CHRISTUS«
ersetzen.

Wir meinen, ein Selbst hervorgebracht zu haben, das
unsere wahre Identität ist und unserem wirklichen SELBST
wie auch GOTT gegenüber autonom ist. Hier liegt der
Anfang aller Probleme auf der Welt: im Glauben nämlich,
daß wir von GOTT getrennte Individuen sind. Sobald wir
meinen, diese Sünde begangen zu haben, oder überhaupt
glauben, gesündigt zu haben, ist es psychologisch unausweichlich, daß wir uns anschließend für das schuldig
fühlen, was wir vermeintlich getan haben. In einem gewissen Sinn kann Schuld als die Erfahrung definiert werden,
gesündigt zu haben. Wir können im Grunde also Sünde
und Schuld synonym benutzen. Sobald wir annehmen,
gesündigt zu haben, können wir nicht umhin, uns für
schuldig zu halten und das zu empfinden, was wir als
Schuld bezeichnen.

Wenn *Ein Kurs in Wundern* über Schuld spricht, benutzt er das Wort anders als im gewöhnlichen Sprachgebrauch. Bei letzterem schwingt immer die Assoziation mit, daß man sich für das schuldig fühlt, was man getan oder unterlassen hat. Schuld ist immer an konkrete Ereignisse aus unserer Vergangenheit geknüpft. Aber diese bewußten Erfahrungen von Schuld gleichen nur der Spitze eines Eisbergs. Bei einem Eisberg liegt eine riesige Masse unter der Meeresoberfläche. Sie repräsentiert hier, was Schuld ist. Schuld ist die Summe aller negativen Gefühle und Überzeugungen, die wir uns selbst gegenüber hegen, und aller negativen Erfahrungen, die wir mit uns selbst gemacht haben. Schuld kann sich also in Form von Selbsthaß oder Selbstablehnung äußern, in Gefühlen von Inkompetenz, Versagen und Leere oder in dem Gefühl, daß es uns innerlich an etwas mangelt, daß etwas fehlt oder unvollständig ist.

Der größte Teil dieser Schuld liegt im Unbewußten. Deswegen ist das Bild eines Eisbergs so hilfreich. Die meisten der Erfahrungen, die anzeigen, für wie schlecht wir uns wirklich halten, befinden sich unterhalb der Bewußtseinsschwelle, was sie natürlich praktisch unzugänglich für uns macht. Die eigentliche Quelle all der Schuld ist der Glaube, daß wir durch die Trennung gegen GOTT gesündigt haben. Als Folge begreifen wir uns als getrennt von allen anderen und von unserem SELBST.

Sobald wir uns schuldig fühlen, können wir nicht umhin, Bestrafung für das zu erwarten, was wir unserer Meinung nach an Schrecklichem getan haben, wie auch dafür, daß wir so furchtbare Kreaturen sind. Wie der Kurs lehrt, verlangt Schuld immer nach Bestrafung. Fühlen wir uns erst einmal schuldig, dann werden wir glauben, für unsere Sünden bestraft werden zu müssen. Psychologisch gibt es keine Möglichkeit, diesen Schritt zu vermeiden. Also haben wir dann Angst. Alle Angst, unabhängig von ihrer scheinbaren Ursache in der Welt, kommt von dem Glauben, daß wir für unsere Handlungen oder Unterlassungen bestraft werden sollten. Anschließend fürchten wir uns davor, wie die Strafe aussehen wird.

Da wir GOTT als DENJENIGEN ansehen, gegen den sich unsere eigentliche Sünde richtet, wobei die Sünde in der Trennung besteht, glauben wir nun, daß GOTT SELBST uns strafen wird. Wenn Sie bei der Lektüre der Bibel auf all die furchtbaren Stellen über den Zorn und die Rache GOTTES stoßen, so liegt deren Ursprung in dieser Überzeugung. Das hat nichts mit der Wirklichkeit GOTTES zu tun, denn GOTT ist nur LIEBE. Es stammt ausschließlich von der Projektion unserer Schuld auf IHN. Nicht GOTT verstieß Adam und Eva aus dem Garten Eden, sie warfen sich selbst hinaus.

Sobald wir glauben, gegen GOTT gesündigt zu haben, was bei uns allen der Fall ist, müssen wir von seiten GOTTES auch eine Bestrafung erwarten. Der Kurs spricht über die vier Hindernisse vor dem Frieden. Das letzte Hindernis ist die Angst vor GOTT (T-19.IV-D). Selbstverständlich haben nur wir selbst, als wir anfingen, uns vor GOTT zu fürchten, den GOTT der LIEBE in einen Gott der Angst, des Hasses, der Bestrafung und der Rache verwandelt. Das entspricht ganz den Wünschen des Ego. Sobald wir Schuldgefühle entwickeln, ganz gleich, aus welchem Grund, glauben wir nicht nur, daß wir tatsächlich schuldig sind, sondern auch, daß GOTT uns töten wird. So verwandelt sich GOTT, unser liebevoller VATER und einziger FREUND, in unseren Feind. IHN zum Feind zu haben ist zweifellos nicht gerade angenehm. Hier liegt also der Ursprung der Überzeugung, die Ihnen in der Bibel oder anderswo begegnet, daß GOTT ein strafender Vater sei. IHN für einen solchen zu halten heißt,

IHM dieselben Egoqualitäten zuzuschreiben, die wir haben. Wie Voltaire einmal sagte: »GOTT schuf den Menschen nach SEINEM Ebenbild, und dann gab der Mensch das Kompliment zurück.« Der Gott, den wir uns geschaffen haben, ist in Wirklichkeit das Abbild unseres eigenen Ego.

Niemand auf der Welt kann diesen Grad an Angst und Schrecken, dieses Ausmaß an Selbsthaß und Schuld in seinem Bewußtsein zulassen und dabei leben. Es wäre für uns absolut unmöglich, jemals mit diesem Maß an Angst und Schrecken zu existieren. Es würde uns einfach vernichten. Wir müssen daher einen Weg finden, damit zurechtzukommen. Da wir GOTT nicht um Hilfe bitten können, weil wir IHN innerhalb des Egosystems bereits zum Feind gemacht haben, ist die einzige Zuflucht, die uns noch offensteht, das Ego selbst.

Wir bitten also das Ego um Hilfe und sagen: »Hör mal, du mußt etwas unternehmen. Ich kann die Angst und den Schrecken, die ich spüre, nicht aushalten. Hilfe!« Das Ego gibt uns getreu seinem Wesen eine Hilfe, die in Wirklichkeit überhaupt keine ist, obwohl sie als solche erscheint. Die »Hilfe« erscheint auf zwei grundsätzliche Weisen, und an dieser Stelle kann man die Lehren Freuds wirklich verstehen und würdigen.

Verleugnung und Projektion

Ich denke, ich sollte ein gutes Wort für Freud einlegen, der heutzutage eine schlechte Presse hat. In der heutigen Zeit findet man Gefallen an Jung oder anderen nichttraditionellen Psychologen, und das mit Recht, während Freud dagegen sehr in den Hintergrund gedrängt wird. Das grundlegende Verständnis des Ego im Kurs basiert jedoch direkt auf der Lehre Freuds. Er war ein brillanter Mann. Ohne ihn hätte es *Ein Kurs in Wundern* nicht gegeben. Jung selbst sagte, daß er trotz aller Probleme mit Freud nur auf dessen Schultern gestanden habe. Das gilt für jeden, der nach Freud gekommen ist. Er beschreibt sehr systematisch und logisch, wie das Ego im einzelnen funktioniert.

Lassen Sie mich kurz erwähnen, daß Freud den Begriff »Ego« anders als der Kurs benutzt. Im Kurs wird »Ego« in etwa so gebraucht wie in der Tradition des Ostens. Mit anderen Worten, das Ego ist das kleine Selbst. Für Freud stellt das Ego nur einen Teil der Psyche dar, die aus dem Es (dem Unbewußten), dem Über-Ich (dem Gewissen) und dem Ego besteht, dem Teil, der die anderen Teile integriert. Der Begriff Ego im Kurs würde in etwa der Freudschen Gesamtpsyche entsprechen. Sie müssen diese Modifikation vornehmen, um mit dem Kurs arbeiten zu können.

Übrigens beging Freud nur einen einzigen Fehler, und der war kolossal. Er erkannte nicht, daß die gesamte Psyche eine Abwehr gegen unser wahres SELBST, unsere wahre Wirklichkeit darstellt. Er fürchtete sich derart vor seiner eigenen Spiritualität, daß er ein Denksystem konstruieren mußte, das der Bedrohung durch den reinen Geist standhielt. Genau das tat er. Seine Beschreibung der Funktionsweise der Psyche oder des Ego ist jedoch absolut brillant. Sein Fehler bestand, wie gesagt, darin, nicht zu erkennen, daß das Ganze als Abwehr gegen GOTT fungiert. Was wir im Prinzip heute besprechen, wenn vom Ego die Rede ist, basiert auf dem, was Freud gesagt hat. Wir alle schulden ihm ungeheuer viel Dank. Besonders beachtlich war Freuds Beitrag auf dem Gebiet der Abwehrmechanismen, der uns hilft zu verstehen, wie wir alle die von uns empfundene Schuld und Angst abwehren.

Wenn wir das Ego um Hilfe bitten, öffnen wir ein Buch von Freud und finden zwei Dinge, die uns helfen werden. Das erste ist die Verdrängung oder Verleugnung. (Der Kurs benutzt niemals den Begriff »Verdrängung«, sondern das Wort »Verleugnung«. Die Worte sind austauschbar.) Was wir mit der Schuld, unserem Gefühl der Sünde und unserer furchtbaren Angst machen, ist, so zu tun, als ob es sie nicht gäbe. Wir drängen sie hinunter, aus unserem Bewußtsein hinaus. Diesen Prozeß bezeichnet man als Verdrängung oder Verleugnung. Wir verleugnen einfach ihre Existenz vor uns selbst. Wenn wir beispielsweise zu faul sind, unseren Fußboden sauberzumachen, kehren wir den Dreck unter den Teppich und tun dann so, als ob er nicht da wäre. Der Vogel Strauß steckt in bedrohlichen Situationen den Kopf in den Sand, damit er sich um das, was ihm derartig angst macht, nicht kümmern oder es nicht anschauen muß. Natürlich funktioniert dieser Mechanismus aus offensichtlichen Gründen nicht. Wenn wir ständig Dreck unter einen Teppich kehren, wird er mit der Zeit sehr holprig, so daß wir irgendwann stolpern. Dem Strauß hingegen droht eine arge Verletzung, wenn er den Kopf weiter beharrlich in den Sand steckt.

Auf irgendeiner Ebene wissen wir dennoch, daß unsere Schuld da *ist*. Also wenden wir uns wieder ans Ego und sagen: »Die Verleugnung war wirklich prima, aber du mußt dir jetzt etwas anderes einfallen lassen. Der Stoff wird hochkommen, und dann explodiere ich. Bitte hilf mir!« Darauf erwidert das Ego: »Ich habe genau das Richtige für dich.« Es empfiehlt uns, auf Seite soundso in Freuds *Traumdeutung* oder wo auch immer nachzuschlagen. Dort stoßen wir dann auf die sogenannte Projektion. Es gibt vermutlich keinen einzigen Gedanken in *Ein Kurs in Wundern*, den zu verstehen entscheidender ist. Wenn Sie nicht begreifen, was Projektion ist, dann werden Sie kein einziges Wort im Kurs verstehen, weder wie das Ego funktioniert, noch wie der Heilige Geist das aufhebt, was das Ego getan hat. Projektion bedeutet, daß Sie irgend etwas aus Ihrem Inneren nehmen und behaupten, daß es in Wirklichkeit nicht dort, sondern außerhalb von Ihnen in jemand anderem sei. Der Begriff bedeutet wörtlich: hinauswerfen oder fortschleudern, von etwas weg oder zu etwas hin. Das tun wir alle, wenn wir projizieren. Wir nehmen die Schuld oder Sündigkeit, von der wir glauben, daß sie in uns sei, und sagen: »Sie ist in Wirklichkeit nicht in mir, sondern in dir. Nicht ich bin der Schuldige, sondern du. Nicht ich bin für mein Elend und Unglück verantwortlich. Du bist dafür verantwortlich.« Vom Standpunkt des Ego aus ist es gleichgültig, wer das »Du« ist. Das Ego kümmert sich nicht darum, auf wen Sie projizieren, solange Sie jemanden finden, auf den Sie Ihre Schuld abladen können, denn auf diese Weise werden wir laut Ego unsere Schuld los.

Eine der besten Beschreibungen dieses Prozesses der Projektion, die ich kenne, findet man im Alten Testament, im 3. Buch Mose, wo den Kindern Israels gesagt wird, was sie am Versöhnungstag, Jom Kippur, zu tun haben. Sie versammeln sich im Lager, in dessen Mitte Aaron steht, der als Hohepriester zwischen Gott und den Menschen vermittelt. Aaron legt einem Ziegenbock neben ihm die Hände auf und überträgt symbolisch die ganzen Sünden des Volkes, die sich während des Jahres angesammelt haben, auf das arme Tier. Dann wird der Bock aus dem Lager gejagt. Hier haben wir eine perfekte und bildhafte Darstellung von der Projektion. Daher kommt auch unser Wort »Sündenbock«.

Wir nehmen unsere Sünden und sagen: »Sie sind nicht in uns, sondern in euch.« Danach schaffen wir eine Distanz zwischen uns und unseren Sünden. Niemand möchte seiner Sündigkeit nahe sein. Also holen wir sie aus unserem Inneren, bürden sie jemand anderem auf und verbannen dann diesen Menschen aus unserem Leben. Zwei grundsätzliche Möglichkeiten stehen uns dazu zur Verfügung. Die eine besteht darin, uns räumlich von dem Menschen zu trennen, die andere, es psychologisch zu tun. Die psychologische Trennung ist die verheerendste und auch die subtilste der beiden Formen.

Sobald wir jemandem unsere Sünden aufgebürdet haben, trennen wir uns von ihm in der Weise, daß wir ihn angreifen oder wütend auf ihn werden. Jeder Ausdruck von Ärger – ganz gleich, ob er die Form einer leichten Verärgerung oder einer heftigen Wut annimmt (es macht keinen Unterschied, es ist alles dasselbe [Ü-I.21.2:3-5]) – stellt immer einen Versuch dar, die Projektion unserer Schuld zu rechtfertigen, egal, was die Ursache unseres Ärgers zu sein scheint. Das Bedürfnis, unsere Schuld zu projizieren, ist der eigentliche Grund allen Ärgers. Sie müssen mit dem, was andere Menschen sagen oder tun, nicht übereinstimmen, aber in dem Augenblick, da Sie innerlich eine Reaktion von Ärger, Urteil oder Kritik spüren, kommt diese stets daher, daß Sie in dem anderen etwas sehen, das Sie in sich selbst verleugnet haben. Sie projizieren also Ihre eigene Sünde und Schuld auf diesen Menschen und greifen sie dort an. Aber diesmal greifen Sie sie nicht in sich selbst an, sondern im anderen, und Sie wollen diesen anderen Menschen so weit wie überhaupt möglich von sich entfernen. Worum es Ihnen in Wirklichkeit geht, ist, eine möglichst große Distanz zwischen sich und Ihrer Sünde herzustellen.

Bei der Lektüre des Alten Testaments, besonders des 3. Buchs Mose, ist es interessant zu verfolgen, mit welcher Genauigkeit die Kinder Israels versuchten, die Formen der

Unreinheit in ihrer Umgebung zu bestimmen, und wie sie darüber hinaus Regeln aufzustellen suchten, sich von ihnen fernzuhalten. Einige Passagen beschreiben ziemlich ausführlich, was Unreinheit ist: bestimmte Eigenschaften in Menschen, Formen der Unreinheit oder bestimmte Menschen an und für sich. Dann folgen Erläuterungen, auf welche Weise die Kinder Israels davon ferngehalten werden sollten. Unabhängig davon, welche Gründe noch eine Rolle gespielt haben mögen, lag eine Schlüsselbedeutung dieser Lehren in der psychologischen Notwendigkeit, die eigene innere Unreinheit nach außen zu bringen und sie jemand anderem aufzubürden, um sich anschließend von diesem Menschen zu trennen.

Es ist interessant, mit diesem Verständnis ins Neue Testament überzuwechseln und zu beobachten, wie Jesus dagegen anging. Sämtliche Formen der Unreinheit, die die Menschen definiert hatten und deren Fernhaltung sie als essentiell für ihre Religion ansahen, nahm er an. Die sozialen Außenseiter, wie sie das jüdische Gesetz definierte, akzeptierte er bewußt, wie um zu sagen: »Ihr könnt eure Schuld nicht auf andere Leute projizieren. Ihr müßt sie in euch selbst anschauen und dort heilen.« Deswegen heißt es im Evangelium unter anderem: Du mußt das Innere deines Bechers reinigen, nicht das Äußere. Kümmere dich nicht um den Splitter im Auge deines Bruders, sondern um den Balken in deinem eigenen. Und: Nicht was in einen Menschen hineinkommt, macht ihn unrein, sondern das, was aus ihm herauskommt. Das entspricht ganz genau der Aussage im Kurs. Die Quelle unserer Sündigkeit liegt nicht außen, sondern innen. Die Projektion strebt jedoch an, unsere Sünde nach außen zu verlagern, um dann das Problem dort zu lösen. So sehen wir niemals wirklich, daß es in uns liegt.

Wenn wir uns an das Ego wenden und bitten: »Hilf mir, meine Schuld loszuwerden!«, dann antwortet das Ego: »In Ordnung. Um deine Schuld loszuwerden, mußt du sie erst verdrängen und dann auf einen anderen Menschen projizieren. So kannst du dich ihrer entledigen.« Das Ego verschweigt uns allerdings, daß projizierte Schuld einen Angriff darstellt und die beste Art und Weise ist, schuldig zu bleiben. Das Ego ist kein Narr. Es will uns schuldig halten. Ich möchte diesen Gedanken einen Augenblick erläutern, weil er einer der Schlüsselgedanken für das Verständnis dessen ist, wie das Ego uns berät.

Ein Kurs in Wundern spricht von der »Anziehungskraft der Schuld« (T-19.IV-A.10-17). Auf das Ego übt Schuld eine große Attraktion aus. Angesichts dessen, was das Ego ist, liegt der Grund auf der Hand. Sein Ratschlag, zu verleugnen und zu projizieren, beruht auf folgender Überlegung: Das Ego ist nichts weiter als ein Glaube, nämlich der Glaube an die Wirklichkeit der Trennung. Es stellt das falsche Selbst dar, das scheinbar entstand, als wir uns von GOTT trennten. Solange wir also die Trennung für wirklich halten, hat das Ego das Sagen. Das Ende des Glaubens an die Trennung läutet gleichzeitig das Ende des Ego ein. Der Kurs würde sagen, daß das Ego und die von ihm gemachte Welt letztlich in das Nichts hinein entschwinden, aus dem sie kamen (H-13.1:2). In Wirklichkeit ist das Ego nichts. Solange wir jedoch glauben, daß die Erbsünde stattgefunden hat, die Sünde der Trennung also wirklich ist, billigen wir auch dem Ego Realität zu. Was uns lehrt, daß die Sünde wirklich ist, ist die Schuld. Jedes Schuldgefühl besagt: »Ich habe gesündigt.« Die letztendliche Bedeutung von Sünde aber ist der Glaube an die Trennung von GOTT. Solange ich also an die Wirklichkeit meiner Sünde glaube, bin ich schuldig. Ganz gleich, ob ich die Schuld in mir oder einem anderen sehe, ich sage, daß die Sünde und das Ego wirklich sind. Das Ego hat also ein ausgesprochenes Interesse daran, uns schuldig zu halten.

Wird das Ego mit Schuldlosigkeit konfrontiert, dann greift es sie stets an, weil die größte Sünde gegen das Denksystem des Ego darin besteht, schuldlos zu sein. Im Zustand der Unschuld sind Sie auch ohne Sünde. Wenn Sie jedoch ohne Sünde sind, gibt es kein Ego. Eine Zeile im Textbuch lautet: »Für das Ego *sind die Schuldlosen schuldig*« (T-13.II.4:2), denn schuldlos sein heißt, gegen das Gebot des Ego zu sündigen: »Du sollst schuldig sein.« Wenn Sie schuldlos sind, machen Sie sich der Schuldlosigkeit schuldig. Das ist beispielsweise der Grund, aus dem die Welt Jesus tötete. Da er sagte: »Ihr seid unschuldig«, mußte er getötet werden, denn er hatte das Ego geschmäht.

Das fundamentale Ziel des Ego besteht also darin, uns schuldig zu halten. Dies muß es uns natürlich verschweigen, denn sonst hören wir nicht länger auf das Ego. Deshalb sagt es uns: »Wenn du meine Anweisungen befolgst, werde ich dafür sorgen, daß du von deiner Schuld loskommst. Dazu mußt du das Vorhandensein der Schuld in dir verleugnen, sie in jemand anderem sehen und diesen Menschen dann angreifen. Dieses Vorgehen wird dich von der Schuld befreien.« Es sagt uns aber nicht, daß Angriff die beste Methode ist, um schuldig zu *bleiben*. Es gibt nämlich ein weiteres psychologisches Axiom, dem zufolge man sich zwangsläufig schuldig fühlt, wenn man jemanden in Gedanken oder Taten angreift. Sie können niemanden verletzen, sei es in Gedanken oder Taten, ohne dabei Schuldgefühle zu haben. Es mag sein, daß Sie die Schuld nicht empfinden – Psychopathen zum Beispiel spüren ihre Schuld nicht –, aber das heißt nicht, daß Sie sich auf einer tieferen Ebene nicht doch schuldig fühlen.

Das Ego stellt also sehr geschickt einen Teufelskreis aus Schuld und Angriff auf. Je schuldiger wir uns fühlen, desto größer wird unser Bedürfnis sein, diese Schuld in uns selbst zu verleugnen und jemand anderen dafür anzugreifen. Je mehr wir indessen jemand anderen angreifen, desto größer wird unsere Schuld, weil wir auf irgendeiner Ebene erkennen, daß wir diesen Menschen unberechtigt angegriffen haben. Dafür werden wir uns nun erneut schuldig fühlen, was wiederum den ganzen Mechanismus in Gang hält. Es ist dieser Kreislauf aus Schuld und Angst, der die Welt in Gang hält, und nicht etwa die Liebe. Wenn Ihnen irgend jemand sagt, die Liebe sei der Motor der Welt, dann weiß er nicht viel über das Ego. Liebe gehört zur Welt GOTTES, und es ist möglich, die Liebe in dieser Welt hier *widerzuspiegeln*. In der Welt selber hat die Liebe allerdings keinen Platz. Was einen Platz hat, sind Schuld und Angriff. Es ist diese Dynamik, die sich in unserem individuellen wie auch kollektiven Dasein so stark zeigt.

Der Kreislauf von Angriff und Verteidigung

Ein zweiter Kreislauf, der in Gang gesetzt wird, ist der Kreislauf von Angriff und Verteidigung. Sobald ich mich für schuldig halte und meine Schuld auf Sie projiziere und Sie angreife, werde ich (aufgrund des Prinzips, das ich vorhin erwähnt habe) glauben, daß meine Schuld Bestrafung verlangt. Da ich Sie angegriffen habe, meine ich, einen Gegenangriff zu verdienen. Ob Sie mich nun tatsächlich angreifen oder nicht, ist unerheblich. Wegen meiner Schuld erwarte ich Ihren Angriff, weswegen ich mich nun auch gezwungen sehe, mich gegen Ihren Angriff zu verteidigen. Und da ich versuche, die Tatsache zu verleugnen, daß ich schuldig bin, habe ich das Gefühl, daß Ihr Angriff auf mich ungerechtfertigt ist. In dem Augenblick, da ich Sie angreife, fürchte ich unbewußt, daß Sie meinen Angriff erwidern werden, und glaube, gut daran zu tun, darauf vorbereitet zu sein. Deshalb muß ich eine Abwehr gegen Ihren Angriff aufbauen, was wiederum bewirkt, daß Sie Angst haben. Und dann erreichen wir eine Partnerschaft nach folgendem Muster: Je mehr ich Sie angreife, desto mehr müssen Sie sich gegen mich verteidigen und mich Ihrerseits angreifen, während ich mich gezwungen sehe, mich gegen Sie zu verteidigen und Sie meinerseits anzugreifen. Und das wird immer hin und her gehen (Ü-I.153.2-3).

Diese Dynamik erklärt den Wahnsinn des atomaren Wettrüstens. Sie erklärt auch den Wahnsinn, den wir alle empfinden. Je größer das Bedürfnis ist, sich zu verteidigen, desto mehr verstärkt man die Tatsache, schuldig zu sein. Auch dies ist ein für das Verständnis des Ego sehr wichtiges Prinzip. Es wird vermutlich am klarsten in der folgenden Zeile des Textbuches ausgedrückt, wo es heißt: »... daß alle Abwehrmechanismen das *bewirken*, was sie abwehren sollen« (T-17.IV.7:1). Der Zweck aller Abwehrmechanismen ist, uns gegen unsere Angst zu schützen beziehungsweise zu verteidigen. Hätte ich keine Angst, bräuchte ich keinen Abwehrmechanismus. Allein die Tatsache, daß ich einen Abwehrmechanismus brauche, zeigt mir, daß Grund besteht, Angst zu haben. Wenn ich keine Angst hätte, müßte ich mich nicht mit einem Abwehrmechanismus abgeben. Mich jedoch zu verteidigen verstärkt die Tatsache, daß es guten Grund gibt, Angst zu haben. Ich muß Angst haben, weil ich schuldig bin. So verstärken meine Abwehrmechanismen genau das, wovor sie mich schützen sollen – meine Angst. Je mehr ich mich deshalb verteidige, desto mehr lehre ich mich selbst, daß ich ein Ego bin: sündig, schuldig und ängstlich.

Das Ego ist kein Narr. Es überzeugt uns davon, daß wir uns verteidigen müssen. Je mehr wir uns jedoch verteidigen, desto schuldiger fühlen wir uns. Das Ego nennt uns viele Methoden, um unsere Schuld abzuwehren. Der Schutz jedoch, den es uns anbietet, verstärkt ebendiese Schuld. Deswegen drehen wir uns immer wieder im Kreis. Es gibt eine wunderbare Lektion im Übungsbuch, die lautet: »In meiner Wehrlosigkeit liegt meine Sicherheit« (Ü-I.153). Wenn ich wahrhaftig wissen will, daß ich in Sicherheit bin und mein wahrer Schutz GOTT ist, dann ist die beste Methode, mich nicht zu verteidigen. Deshalb steht im Evangelium, daß Jesus sich gegen Ende seines Lebens überhaupt nicht wehrte. Von dem Augenblick an, in dem er gefangengenommen wurde, und all die Zeit über, in der er verhöhnt, gegeißelt, verfolgt und schließlich getötet wurde, verteidigte er sich nicht. Er sagte: »Ich brauche keine Verteidigung«, weil, wie es im Übungsbuch heißt, »der SOHN GOTTES keine Abwehr braucht gegen die Wahrheit seiner Wirklichkeit« (Ü-I.135.26:8). Wenn wir wirklich wissen, wer wir sind und wer unser VATER ist, unser VATER im HIMMEL, dann müssen wir uns nicht schützen, weil die Wahrheit keiner Verteidigung bedarf. Doch innerhalb des Egosystems meinen wir, Schutz zu brauchen, und werden uns deshalb immer verteidigen. So dienen diese beiden Kreisläufe lediglich dazu, das Egosystem in Gang zu halten. Je schuldiger wir uns fühlen, desto mehr greifen wir an. Je mehr wir angreifen, desto schuldiger fühlen wir uns, und desto mehr spüren wir das Bedürfnis, die erwartete Bestrafung oder den Gegenangriff abzuwehren, was in sich bereits ein Angriff ist.

Am Ende des zweiten Kapitels Genesis stehen sich Adam und Eva nackt gegenüber, ohne Scham zu empfinden. Scham ist nichts weiter als ein anderes Wort für

Schuld. Schamlosigkeit drückt den Zustand vor der Trennung aus, als es keine Schuld gab, weil es keine Sünde gegeben hatte. Das dritte Kapitel ist dasjenige, in dem über die Erbsünde gesprochen wird. Es beginnt damit, daß Adam und Eva von der verbotenen Frucht essen, womit ihr Ungehorsam gegen GOTT begründet wird, der die wirkliche Sünde ist. Sie glauben sich, mit anderen Worten, im Besitz eines von GOTT getrennten Willens, der etwas anderes wählen kann als das, was GOTT geschaffen hat. Dieser Glaube, daß Sünde möglich ist, ist die Geburt des Ego. Nachdem sie von der Frucht gegessen haben, schauen sie sich als allererstes gegenseitig an. Diesmal verspüren sie Scham und bedecken ihre Blöße. Sie verhüllen ihre Geschlechtsteile mit Feigenblättern. Dies wird nun zum Ausdruck ihrer Schuld, da sie merken, daß sie etwas Sündiges getan haben. Die Nacktheit ihrer Körper wird zum Symbol ihrer Sünde. Also müssen sie das abwehren, und darin drückt sich ihre Schuld aus.

Unmittelbar danach hören Adam und Eva die Stimme GOTTES, DER sie sucht. Aus Angst davor, was GOTT mit ihnen machen wird, wenn ER sie findet, verstecken sie sich im Gebüsch, um unbemerkt zu bleiben. Hier sieht man den Zusammenhang zwischen dem Glauben an Sünde – dem Glauben, uns von GOTT trennen zu können –, dem Schuldgefühl, sie begangen zu haben, und der Angst vor dem, was geschehen wird, wenn GOTT uns ertappt und uns bestraft. Tatsächlich zeigt der Fortgang des dritten Kapitels, daß Adam und Eva völlig recht haben, denn GOTT straft sie wirklich. Interessant ist, daß Adam, als er schließlich vor GOTT steht, die Schuld auf Eva projiziert und sagt: »Ich habe es nicht getan. Eva hat mich verführt.« (Immer die Frauen bekommen es ab.) GOTT schaut nun Eva an, die in der gleichen Weise reagiert und behauptet: »Ich war es nicht. Gib mir nicht die Schuld. Es war die Schlange.« Hier sehen wir exakt, wie wir vorgehen, um unsere Angst und Schuld abzuwehren. Wir projizieren die Schuld auf jemand anders.

Erinnern Sie sich daran, was ich vorhin gesagt habe: Schuld verlangt immer nach Bestrafung. Das Ego fordert, daß Adam und Eva für ihre Sünden bestraft werden. Als GOTT sie findet, bestraft ER sie deswegen mit einem Leben voller Schmerz und Leid vom Augenblick der Geburt bis zum Ende, dem Tod. Gegen Ende des Seminars werde ich darüber sprechen, wie Jesus diesen ganzen Prozeß aufhebt. In jedem Fall bietet dieses Kapitel der Genesis eine perfekte Zusammenfassung der gesamten Egostruktur: der Beziehung zwischen Sünde, Schuld und Angst.

Eine der gängigsten Methoden, wie das Ego die Schuld abwehrt, besteht darin, andere Menschen anzugreifen. Der Ärger übernimmt dabei die scheinbare Funktion, die Projektion unserer Schuld auf andere zu rechtfertigen. Es ist außerordentlich wichtig, zu erkennen, wieviel der Welt, und jedem von uns als Teil dieser Welt, daran gelegen ist, unseren Ärger zu rechtfertigen, denn wir alle brauchen einen Feind.

Es gibt niemanden, der die Welt nicht auf irgendeiner Ebene mit den Eigenschaften von Gut und Böse ausstattet. Wir teilen die Welt auf und stecken die einen in die gute und die anderen in die böse Kategorie aus unserem enormen Bedürfnis heraus, jemanden zu haben, auf den wir unsere Schuld projizieren können. Wir brauchen mindestens eine Person, Idee oder Gruppe, die wir zum Bösen, zum Sündenbock, erklären können. Das ist der Ursprung aller Vorurteile und Diskriminierungen. Sie stammen aus dem enormen und uns gewöhnlich unbewußten Bedürfnis, jemanden zu finden, den wir zum Sündenbock machen können, um auf diese Weise der Last unserer eigenen Schuld zu entfliehen. So ist es immer gewesen, seit es eine geschichtliche Überlieferung gibt. Diese Dynamik liegt jedem wichtigen Denk- oder Gesellschaftssystem zugrunde, das jemals auf der Welt existiert hat. Sie alle gründen darauf, daß es Gute und Böse gibt.

Auch in der Geschichte des Christentums wird diese Dynamik sichtbar. Von Anfang an gab es die Tendenz, die Guten von den Bösen zu trennen: die Juden, die an Jesus glaubten, von denen, die nicht an ihn glaubten. Anschließend spalteten sich die Jünger von Jesus in die Anhänger des heiligen Petrus, Paulus, Jakobus und so weiter und so fort, und seitdem hat sich die Kirche immer weiter unterteilt. Es liegt an dem gleichen unbewußten Bedürfnis, jemanden zu haben, den wir für anders und nicht so gut halten wie uns selbst. Wiederum ist es sehr hilfreich, wenn wir erkennen, welch eine starke Investition wir in diesen Prozeß haben. Deswegen freut sich jeder am Ende eines Films, wenn der Gute gewinnt und der Böse verliert. Die Bestrafung des Bösen ist uns allen derartig wichtig, weil wir damit glauben, unseren Sünden entronnen zu sein.

Besondere Beziehungen

Was ich bis jetzt mit den Begriffen Ärger oder Angriff beschrieben habe, ist in Wirklichkeit nur eine der Formen, die die Projektion annimmt. Es ist die offensichtlichere der beiden Formen der Projektion, die im Kurs als besondere Beziehungen bezeichnet werden. Das Konzept, das im Kurs am schwierigsten zu verstehen ist – und noch weitaus schwieriger zu leben und in die Tat umzusetzen –, ist der

Gedanke der Besonderheit und die Umwandlung unserer besonderen Beziehungen in heilige Beziehungen.

Besondere Beziehungen treten in zwei Formen auf. Die erste ist die bereits erwähnte besondere Haßbeziehung, bei der wir uns jemanden suchen, den wir zur Zielscheibe unseres Hasses machen, damit wir dem wahren Gegenstand unseres Hasses, nämlich uns selbst, entkommen können. Die zweite Form bezeichnet der Kurs als die besondere Liebesbeziehung. Diese Beziehung ist aufgrund ihrer Raffiniertheit höchst machtvoll und heimtückisch. Es gibt, wie gesagt, im Kurs kein Konzept, das schwieriger zu verstehen oder auf einen selbst anzuwenden wäre als dieses. Besondere Beziehungen werden im Übungsbuch und im Handbuch für Lehrer überhaupt nicht erwähnt und tauchen im Textbuch erst ab dem fünfzehnten Kapitel auf. Von da an geht es in den folgenden neun Kapiteln um fast nichts anderes.

Die besondere Liebesbeziehung ist deswegen so schwierig zu erkennen und zu verändern, weil sie etwas zu sein scheint, was sie nicht ist. Man kann vor sich selbst nur schwer verbergen, daß man auf jemanden ärgerlich ist. Das gelingt vielleicht eine Zeitlang, aber es ist wirklich schwer, diese Illusion allzulange aufrechtzuerhalten. Die besondere Liebe stellt sich ganz anders dar. Sie wird immer als etwas erscheinen, was sie in Wirklichkeit nicht ist. Sie ist das verführerischste und täuschendste Phänomen auf dieser Welt. Im Grunde folgt sie denselben Prinzipien wie die besondere Haßbeziehung, aber in einer anderen Form. Der Grundmechanismus besteht darin, daß wir versuchen, unsere Schuld loszuwerden, indem wir sie in jemand anderem sehen.

Deswegen ist die besondere Liebe in Wirklichkeit nur ein dünner Schleier über dem Haß. Haß wiederum ist lediglich der Versuch, jemand anderen zu hassen, um nicht unseren wahren Selbsthaß spüren zu müssen. Ich möchte jetzt im wesentlichen zeigen, wie das auf drei verschiedene Weisen geschieht – wie das Ego unter dem Deckmantel, uns durch »Liebe« vor der Schuld zu retten, in Wirklichkeit seine Schuld durch Haß verstärkt.

Lassen Sie mich zunächst beschreiben, was besondere Liebe ist, um anschließend darüber zu sprechen, wie sie funktioniert. Vielleicht erinnern Sie sich: Als ich zu Anfang über Schuld sprach und die Liste der mit Schuld zusammenhängenden Begriffe durchging, nannte ich als eine Ausdrucksform der Schuld die Überzeugung, daß in uns etwas fehlt, daß es uns an etwas Bestimmtem mangelt. Der Kurs bezeichnet dies als das »Mangelprinzip«. Dieses Prinzip liegt der gesamten Dynamik der besonderen Liebesbeziehung zugrunde.

Es besagt, daß etwas in uns fehlt, daß etwas unerfüllt und unvollständig ist. Aufgrund dieses Mangels haben wir bestimmte Bedürfnisse, was ein wichtiger Bestandteil der Schulderfahrung ist. Wir wenden uns also wieder an das Ego und rufen: »Hilfe! Das Gefühl meiner Nichtigkeit und Leere, das Gefühl, daß etwas fehlt, ist absolut unerträglich. Du mußt etwas unternehmen«, worauf das Ego antwortet: »In Ordnung! Paß auf, was wir machen werden.« Zunächst verpaßt es uns eine Ohrfeige, indem es uns bestätigt: »Ja, du hast absolut recht. Du bist einfach eine elende Kreatur, und daran, daß du Mangel leidest und dir etwas Lebenswichtiges fehlt, läßt sich nichts ändern.« Natürlich verschweigt uns das Ego, daß das, was uns fehlt, GOTT ist, denn sonst würden wir uns ja für GOTT entscheiden, und damit würde das Ego aufhören zu existieren. Den Behauptungen des Ego zufolge fehlt uns von Natur aus etwas, und an diesem Umstand läßt sich nichts ändern. Anschließend jedoch versichert es uns, daß es etwas *gibt*, was wir gegen den durch den Mangel hervorgerufenen Schmerz unternehmen könnten. Zwar lasse sich der in uns angelegte Mangel nicht abschaffen, wir könnten jedoch außerhalb von uns nach jemandem oder etwas Ausschau halten, um das, was in uns fehlt, zu kompensieren.

Im Grunde drückt die besondere Liebesbeziehung aus, daß ich bestimmte Bedürfnisse habe, die GOTT nicht erfüllen kann, weil ich, wie gesagt, GOTT unbewußt für meinen Feind halte. Also wende ich mich innerhalb des Egosystems nicht an den wahren GOTT um Hilfe. Aber wenn ich Sie finde, eine besondere Person mit bestimmten Merkmalen oder Eigenschaften, dann beschließe ich, daß Sie meine besonderen Bedürfnisse erfüllen werden. Daher stammt der Ausdruck »besondere Beziehungen«. Meine besonderen Bedürfnisse werden durch bestimmte besondere Eigenschaften in Ihnen befriedigt, und das macht Sie zu einem besonderen Menschen. Wenn Sie meine besonderen Bedürfnisse wunschgemäß befriedigen, dann liebe ich Sie. Wenn Sie andererseits bestimmte besondere Bedürfnisse haben, die ich stillen kann, dann lieben Sie mich. Vom Standpunkt des Ego aus ist das eine Ehe, die im Himmel geschlossen wurde.

Deswegen ist das, was die Welt Liebe nennt, in Wirklichkeit Besonderheit, eine grobe Verzerrung dessen, was der HEILIGE GEIST unter Liebe versteht. Ein anderes Wort, das dieselbe Art Dynamik beschreibt, ist Abhängigkeit. Ich werde davon abhängig, daß Sie meine Bedürfnisse befriedigen, und mache Sie davon abhängig, daß ich Ihre Bedürfnisse befriedige. Solange das gegenseitig geschieht, ist alles in Ordnung. Diese Dynamik macht im wesentlichen den Charakter der Besonderheit aus. Ihr Sinn besteht darin, den innerlich empfundenen Mangel zu kompensieren, indem wir jemand anderen benutzen, um die Lücke zu füllen. Am deutlichsten und zerstörerischsten machen wir das mit Menschen. Es geht jedoch auch mit Substanzen und Dingen. Ein Alkoholiker beispielsweise versucht, die Leere in sich durch eine besondere Beziehung mit einer Flasche zu kompensieren. Das gleiche gilt für Menschen, die zuviel essen, oder Menschen mit der Manie, viele Kleider zu kaufen, viel Geld zu verdienen, viele Sachen zu besitzen oder sich einen Status in der Welt zu verschaffen. Es handelt sich immer um denselben Versuch, nämlich zu kompensieren, wie schlecht wir über uns denken und fühlen, indem wir im Äußeren etwas unternehmen, das uns ein gutes Gefühl vermittelt. Es gibt einen sehr schönen und überzeugenden Abschnitt gegen Ende des Textbuches »Suche nicht außerhalb von dir« (T-29.VII). Wenn wir außerhalb von uns suchen, suchen wir immer nach einem Götzen, und Götzen sind per Definition ein Ersatz für GOTT. In Wirklichkeit kann nur GOTT unser Bedürfnis befriedigen. Besonderheit ist also folgendes: Sie dient dem Ziel des Ego, uns scheinbar vor der Schuld zu schützen, doch unterdessen verstärkt sie sie. Das geschieht auf drei grundsätzliche Weisen, die ich jetzt besprechen möchte.

Erstens: Wenn ich ein besonderes Bedürfnis habe und Sie mir begegnen und es erfüllen, dann mache ich Sie in Wirklichkeit zum Symbol meiner Schuld. (Ich argumentiere jetzt innerhalb des Egorahmens. Wir wollen uns im Augenblick nicht um den HEILIGEN GEIST kümmern.) Ich habe Sie nämlich mit meiner Schuld in Verbindung gebracht, denn meine Beziehung und Liebe zu Ihnen dient lediglich dem Zweck der Erfüllung meiner Bedürfnisse. Während ich Sie daher auf der bewußten Ebene zum Symbol der Liebe erkoren habe, repräsentieren Sie auf der unbewußten Ebene meine Schuld. Wenn die Schuld nicht wäre, würde ich Sie nicht brauchen. Der Umstand, daß ich Sie brauche, genügt, um mich unbewußt daran zu erinnern, daß ich in Wirklichkeit schuldig bin. Das ist die erste Weise, wie die besondere Liebesbeziehung die Schuld verstärkt, die sie abzuwehren versucht. Je wichtiger Sie in meinem Leben werden, desto mehr erinnern Sie mich daran, daß der wirkliche Zweck, dem Sie in meinem Leben dienen, darin besteht, mich vor meiner Schuld zu schützen, was die Überzeugung verstärkt, daß ich schuldig bin.

Ein hilfreiches Bild dieses Vorgangs ist, sich unseren Geist als Glasgefäß vorzustellen. In diesem Gefäß befindet sich unsere gesamte Schuld. Was wir mehr als alles andere auf der Welt wünschen, ist, die Schuld in dem Gefäß sicher zu verwahren. Wir möchten nichts von ihr wissen. Wenn wir nach einem besonderen Partner Ausschau halten, suchen wir nach jemandem, der als Deckel für dieses Gefäß dient, und wir wollen, daß der Deckel fest geschlossen bleibt. Solange er fest verschraubt ist, kann mir meine Schuld nicht zu Bewußtsein kommen, so daß ich nichts von ihr weiß. Sie bleibt in meinem Unbewußten verborgen. Da ich Sie jedoch als Deckel für mein Gefäß brauche, werde ich daran erinnert, daß dort irgend etwas Furchtbares lauert, von dem ich nicht will, daß es herauskommt. Die Tatsache also, daß ich Sie brauche, genügt, um mich unbewußt an die gesamte Schuld in mir zu erinnern.

Die zweite Weise, wie die besondere Liebesbeziehung die Schuld verstärkt, ist das »Jüdische-Mutter-Syndrom«. Was geschieht, wenn der Mensch, der meine gesamten Bedürfnisse befriedigt hat, plötzlich anfängt, sich zu verändern und auf mich nicht mehr in derselben Weise wie zu Anfang einzugehen? Menschen haben die ungünstige Eigenschaft, zu wachsen und sich zu wandeln. Sie bleiben nicht so starr, wie wir das gerne hätten. Sobald der andere beginnt, sich zu verändern (vielleicht braucht er mich nicht mehr in der Weise, wie er mich anfangs brauchte), bedeutet das, daß der Deckel auf meinem Gefäß sich nach und nach lockert. Meine besonderen Bedürfnisse werden nicht mehr in der von mir geforderten Form befriedigt. Wenn sich der Deckel hebt, beginnt meine Schuld, mich plötzlich zu bedrohen, indem sie an die Oberfläche tritt und aus dem Gefäß herauskommt. Die aus dem Gefäß austretende Schuld würde bedeuten, daß mir zu Bewußtsein kommt, für wie furchtbar ich mich in Wirklichkeit halte. Und dies ist eine Erfahrung, die ich um alles in der Welt versuchen werde zu vermeiden.

Im 2. Buch Mose sagt GOTT einmal zu Moses: »Kein Mensch kann mein Angesicht schauen und leben.« Das gleiche gilt für die Schuld. Niemand kann der Schuld ins Auge blicken und leben. Uns dem Gefühl zu stellen, für wie fürchterlich wir uns in Wirklichkeit halten, ist eine so erschütternde Erfahrung, daß wir alles in der Welt tun würden, um dem zu entgehen. Wenn sich also der Deckel zu lockern beginnt und meine Schuld an die Oberfläche steigt, ergreift mich die Panik, weil ich plötzlich mit all dem Furchtbaren konfrontiert werde, das ich in bezug auf mich fühle. Mein Ziel ist demnach, ganz einfach dafür zu sorgen, daß der Deckel so schnell wie möglich wieder fest zugeschraubt wird. Das bedeutet, daß ich Sie dazu bringen möchte, Ihr altes Verhalten wiederaufzunehmen. Es gibt keine wirksamere Methode, jemanden zu veranlassen, den eigenen Wünschen nachzukommen, als dieser Person Schuldgefühle beizubringen. Wenn Sie möchten, daß irgend jemand irgend etwas tut, dann brauchen Sie diesem Menschen nur gründlich Schuldgefühle einzuflößen, und er wird sich Ihnen fügen. Denn niemand fühlt sich gern schuldig.

Die Manipulation durch Schuld ist das Markenzeichen der »jüdischen Mutter«. Alle, die nicht jüdisch sind, kennen das auch. Ganz gleich, welcher Nationalität Sie sind, ob Italiener, Ire oder Pole, das Syndrom ist stets das gleiche, denn es ist universell. Ich versuche, Ihnen Schuldgefühle beizubringen, und werde sinngemäß etwa folgendes sagen: »Was ist mit dir los? Du bist immer ein so anständiger, freundlicher, liebevoller, aufmerksamer, sensibler, sanfter und verständnisvoller Mensch gewesen. Guck dich jetzt mal an. Sieh mal, wie du dich verändert hast! Jetzt scherst du dich einen Dreck um mich. Du bist egoistisch, selbstsüchtig, unsensibel ...« Und so weiter und so fort. In Wirklichkeit versuche ich, Sie dazu zu bringen, derartige Schuldgefühle zu bekommen, daß Sie wieder genauso sind wie vorher. Jeder kennt das, stimmt's?

Wenn Sie nun dasselbe Schuldspiel spielen wie ich, verhalten Sie sich meinen Wünschen entsprechend. Dann ist der Deckel wieder fest verschraubt, und ich liebe Sie genauso wie vorher. Wenn Sie jedoch das Spiel nicht länger mitspielen, dann werde ich ziemlich ärgerlich auf Sie sein, und meine Liebe wird sich sehr schnell in Haß verwandeln (was sie die ganze Zeit über war). Aus den bereits genannten Gründen hassen Sie immer denjenigen, von dem Sie sich abhängig fühlen. Dieser Mensch erinnert Sie nämlich an Ihre Schuld, und diese verabscheuen Sie. Deswegen werden Sie auch assoziativ die Person hassen, die Sie zu lieben vorgeben. Hier wird deutlich, was das Ganze in Wirklichkeit ist. Wenn Sie meine Bedürfnisse nicht mehr nach meinen Vorstellungen befriedigen, fange ich an, Sie zu hassen, weil ich es nicht aushalten kann, mich mit meiner Schuld auseinanderzusetzen. Das nennt man das Ende der Flitterwochen. Heutzutage scheint es immer schneller zu kommen.

Sobald also die besonderen Bedürfnisse nicht mehr wie gewohnt befriedigt werden, verwandelt sich die Liebe in Haß. Was geschieht, wenn der andere nicht länger der Deckel auf meinem Gefäß sein will, liegt völlig auf der Hand. Dann finde ich jemand anders. In einer der Übungsbuchlektionen heißt es, daß sich ein anderer finden läßt (Ü-I.170.8:7), und das ziemlich leicht. Sie verschieben dann dieselbe Dynamik einfach permanent von einer Person auf die nächste, bis Sie sich schließlich mit Ihrem wirklichen Problem auseinandersetzen, der Schuld.

Erst wenn Sie die Schuld wirklich loslassen, sind Sie bereit, eine andere Art Beziehung einzugehen, die Liebe im Sinne des HEILIGEN GEISTES ist. Aber solange Ihr einziges Ziel darin besteht, das Gefäß geschlossen zu halten, suchen Sie einfach nur nach einem neuen Deckel. Und die Welt ist immer sehr kooperativ, wenn es darum geht, Menschen zu finden, die diesem Bedürfnis entsprechen. Wir gehen dann einfach eine ganze Reihe von besonderen Beziehungen ein, eine nach der anderen, was der Kurs mit allen schmerzlichen Einzelheiten beschreibt.

Noch auf eine dritte Weise bildet die Besonderheit einen Deckmantel für Haß und Schuld, und dies gilt sowohl für die besondere Haß- als auch für die besondere Liebesbeziehung. Immer wenn wir Menschen als Mittel zur Befriedigung unserer Bedürfnisse benutzen, sehen wir sie nicht als das, was sie sind. Wir nehmen also nicht den CHRISTUS in ihnen wahr. Unser einziges Interesse ist, sie in einer solchen Weise zu manipulieren, daß sie unseren Bedürfnissen nachkommen. Wir sehen sie nicht wegen ihres inneren Lichts, sondern wegen der besonderen Form von Dunkelheit, die unserer besonderen Form von Dunkelheit entspricht. Jemanden dahingehend zu benutzen oder zu manipulieren, daß er unsere Bedürfnisse erfüllt, heißt, ihn anzugreifen, weil wir seine wahre Identität als CHRISTUS angreifen und ihn als Ego sehen, wodurch das Ego in uns selbst verstärkt wird. Angriff ist immer Haß, und daher müssen wir uns schuldig fühlen, weil wir den anderen Menschen angegriffen haben.

Auf diese drei Weisen verstärkt das Ego also unsere Schuld, selbst wenn es uns etwas anderes sagt. Deswegen beschreibt der Kurs die besonderen Beziehungen als Zuhause der Schuld.

Was, wie gesagt, die besondere Liebe vom Standpunkt des Ego aus zu einem so mächtigen und wirksamen Abwehrmechanismus macht, ist, daß sie sich den Anschein gibt, etwas zu sein, was sie nicht ist. Zu Beginn erweckt sie den Eindruck, etwas so Wunderbares, Liebevolles und Heiliges zu sein. Wie schnell aber tritt ein Wandel ein, wenn wir nicht fähig sind, über den Anschein hinauszugelangen und zum Grundproblem, unserer Schuld, vorzustoßen!

Ein sehr wichtiger Abschnitt im Textbuch »Die beiden Bilder« (T-17.IV) beschreibt den Unterschied zwischen dem Bild des Ego und dem Bild des HEILIGEN GEISTES. Das Bild des Ego ist die besondere Liebesbeziehung. Es ist ein Bild der Schuld, des Leidens und letztendlich des Todes. Dies ist nicht das, was das Ego uns sehen lassen möchte, denn wenn wir wirklich wüßten, was das Ego im Schilde führt, würden wir ihm nicht folgen. Also steckt es sein Bild in einen sehr schönen und prunkvollen Rahmen, der von Diamanten, Rubinen und jeder Art ausgefallener Juwelen nur so funkelt. Wir lassen uns von dem Rahmen verführen, den scheinbar guten Gefühlen, die die Besonderheit uns vermittelt, und erkennen nicht die wirkliche Gabe der Schuld und des Todes. Nur bei genauem Hinsehen entdecken wir, daß die Diamanten in Wirklichkeit Tränen und die Rubine Blutstropfen sind. Und um nichts anderes handelt es sich beim Ego. Dies ist eine sehr beeindruckende Passage im Kurs. Das Bild des HEILIGEN GEISTES dagegen ist völlig anders. Der Rahmen dieses Bildes ist sehr lose und fällt weg, um uns die wirkliche Gabe sehen zu lassen, nämlich die LIEBE GOTTES.

Noch ein weiteres wichtiges Kriterium verrät uns zweifelsfrei, ob wir in einer besonderen oder einer heiligen Beziehung stehen. Wir können es an unserer Haltung gegenüber anderen Menschen ablesen. Eine besondere Beziehung hat Ausschließlichkeitscharakter und läßt keinen Raum für Dritte. Der Grund dafür liegt auf der Hand, sobald Sie erst einmal erkannt haben, wie das Ego funktioniert. Wenn ich Sie zu meinem Erlöser ernannt habe und das, wovon Sie mich erlösen, meine Schuld ist, dann bedeutet das, daß Ihre Liebe und Aufmerksamkeit mir gegenüber mich vor der Schuld beschützen, die ich versteckt zu halten suche. Sollten Sie jedoch plötzlich ein Interesse entwickeln, das nicht mir gilt – sei es an einem Menschen oder einer Aktivität –, dann widmen Sie mir nicht mehr hundert Prozent Ihrer Aufmerksamkeit. In dem Maße, wie Sie anfangen, Ihr Interesse oder Ihre Aufmerksamkeit auf etwas anderes zu richten, erhalte ich weniger. Wenn ich nicht hundert Prozent bekomme, beginnt der Deckel auf meinem Gefäß sich langsam zu lockern. Das ist der Ursprung aller Eifersucht. Menschen werden eifersüchtig, weil sie spüren, daß ihre besonderen Bedürfnisse nicht mehr in der von ihnen gewünschten Weise erfüllt werden.

Wenn Sie also außer mir noch jemand anderen lieben, bedeutet das, daß für mich weniger Liebe bleibt. In den Augen des Ego ist Liebe quantitativ. Es zirkuliert nur eine bestimmte Menge davon. Wenn ich daher den einen liebe, kann ich den anderen nicht ebensosehr lieben. Für den HEILIGEN GEIST dagegen ist Liebe qualitativ und schließt alle

Menschen ein, was nicht heißt, daß wir jeden in gleicher Weise lieben. Das ist auf dieser Welt nicht möglich. Es heißt jedoch, daß die Quelle der Liebe dieselbe ist. Die Liebe an sich ist dieselbe, aber die Mittel, sie auszudrücken, sind unterschiedlich.

Ich »liebe« meine Eltern »mehr« als die Eltern von irgend jemand anderem in diesem Raum, nicht von der Qualität, sondern von der Quantität her. Die Liebe ist im Grunde dieselbe, kommt jedoch in einer anderen Weise zum Ausdruck. Meine Eltern zu lieben heißt nicht, daß ich Ihre weniger liebe oder daß meine Eltern besser als Ihre sind. Es heißt lediglich, daß dies die Menschen sind, die ich gewählt habe, denn in meiner Beziehung zu ihnen soll ich Vergebung lernen, damit ich mich an GOTTES LIEBE erinnern kann. Sie sollten sich also nicht schuldig fühlen, wenn Sie zu einigen Menschen eine tiefere Beziehung als zu anderen haben. Im Evangelium gibt es deutliche Beispiele dafür, daß Jesus einigen Jüngern näher als anderen stand und mit seinen Jüngern wiederum vertrauter war als mit anderen Anhängern. Er hat deswegen niemanden weniger geliebt, sondern der Ausdruck seiner Liebe war bei einigen Menschen einfach intimer und tiefer als bei anderen.

Bei einer heiligen Beziehung schließt die Liebe für den einen nicht die Liebe für den anderen aus. Im Gegensatz zur besonderen Beziehung geht sie nicht auf Kosten von jemand anders. Die besondere Liebe operiert immer mit Vergleichen. Bestimmte Menschen werden an anderen gemessen, und einige werden als unzulänglich, andere als akzeptabel befunden. Wirkliche Liebe in dieser Welt ist etwas anderes. Sie erkennen einfach, daß Ihnen bestimmte Menschen »gegeben« und von Ihnen gewählt wurden, um spezifische Lektionen zu lernen und zu lehren. Aber das macht solche Menschen weder besser noch schlechter als

andere. An dem Maß, in dem andere Menschen ausgeschlossen werden, können Sie also immer ablesen, ob eine
Beziehung eine besondere anstelle einer heiligen ist.

4

Rechtgesinntheit:
Das Denksystem des HEILIGEN GEISTES

In einer sehr schönen Passage des Kurses sagt Jesus, er habe all unsere liebevollen Gedanken aufbewahrt und sie von allen Irrtümern geläutert (T-5.IV.8:3-4). Das einzige, was er von unserer Seite aus braucht, damit dies zu unserer Wirklichkeit wird, ist, es zu akzeptieren. Das können wir jedoch nicht, solange wir an unserer Schuld festhalten. Ich werde jetzt darüber sprechen, wie der HEILIGE GEIST uns einen perfekten Weg zeigt, die Schuld loszulassen.

Ärger und Vergebung

Der HEILIGE GEIST ist sehr intelligent. Das Ego mag sich für noch so intelligent halten, der HEILIGE GEIST kann es noch besser. ER nimmt die Dynamik der Projektion, mit deren Hilfe uns das Ego kreuzigt und im Gefängnis der Schuld festhält, und dreht den Spieß einfach um. Denken Sie sich die Projektion einmal als Filmprojektor, und stellen Sie sich nun vor, ich sei der Filmprojektor und spielte ständig meinen Schuldfilm ab. Ich statte also meine Welt mit meiner Schuld aus und projiziere die Schuld von meinem Film auf die jeweilige Leinwand der Menschen, um anschließend meine eigene Sünde und Schuld in allen anderen zu sehen.

Ich tue das, weil ich mich nach der Logik des Ego richte, der zufolge ich so meine Schuld loswerde. Nun gibt es keine Möglichkeit, mich ganz allein mit meiner Schuld auseinanderzusetzen. Ich kann der Schuld nicht ins Auge blicken und zugleich leben, weil der Gedanke zu vernichtend ist. Derselbe Mechanismus jedoch, mit dem das Ego mich angreift, indem es unter dem Vorwand, mich von der Schuld zu befreien, diese verstärkt, genau dieser Mechanismus, meine Schuld nach außen zu verlegen, eröffnet mir auch die Chance, sie loszulassen. In Ihnen die Schuld wahrzunehmen, die ich in mir selbst nicht anschauen kann, bietet mir die Möglichkeit, sie aufzugeben. Und das ist Vergebung. Vergebung ist die Aufhebung der Projektion der Schuld.

Indem ich also ebendiese Schuld, mit der ich nicht fertig werde und die ich innerlich nicht loslassen kann, auf Sie als Leinwand projiziere, habe ich die Möglichkeit, sie anzuschauen und sie jetzt anders zu betrachten. Die Sünden und die Schuld, die ich in Ihnen übersehe und vergebe, sind in Wirklichkeit dieselben Sünden und dieselbe Schuld, die ich mir vorwerfe. Das gilt im übrigen für den Inhalt und nicht für die Form der Sünde, die völlig anders aussehen kann. Wenn ich die Sünde in Ihnen vergebe, geschieht in Wirklichkeit nichts anderes, als daß ich sie in mir selbst vergebe. Das ist die Schlüsselidee des ganzen Kurses, um die es ständig geht. Wir projizieren unsere Schuld auf einen anderen Menschen. Treffen wir dann die Entscheidung, diesen Menschen mit den Augen des HEILIGEN GEISTES zu betrachten, also mit der Schau CHRISTI, dann versetzt uns das in die Lage, unser Denken über uns selbst umzukehren.

Ich habe also nur meine eigene Dunkelheit auf Sie projiziert und auf diese Weise das Licht CHRISTI in Ihnen getrübt.
Indem ich mich dafür entscheide, Sie nicht in der Dunkelheit, sondern im Licht zu sehen, womit ich die Dunkelheit
loslasse, die ich Ihnen auferlegt habe, treffe ich genau die
gleiche Aussage über mich selbst. Ich drücke nicht nur aus,
daß das Licht CHRISTI in Ihnen leuchtet, sondern auch, daß
es in mir leuchtet. Es ist in der Tat dasselbe Licht. Das ist
Vergebung.

Wir sollten demnach für jeden einzelnen Menschen in
unserem Leben dankbar sein, besonders für diejenigen, mit
denen wir die größten Schwierigkeiten haben. Diejenigen,
die wir am meisten hassen, die wir am unangenehmsten
finden und mit denen wir uns am unwohlsten fühlen, wurden uns vom HEILIGEN GEIST »gesandt«, um uns zu zeigen,
daß wir eine andere Wahl in bezug auf jene treffen können,
auf die wir zunächst versucht waren, unsere Schuld zu projizieren. Wären diese Menschen nicht in dem Film und auf
der Leinwand unseres Lebens, dann hätten wir keinen
Zugang zu unserer Schuld und dementsprechend nicht
die Möglichkeit, sie loszulassen. Die einzige Chance überhaupt, uns unsere Schuld zu vergeben und frei von ihr zu
werden, ist, sie in jemand anderem zu sehen und dort zu
vergeben. Sie dem anderen vergeben heißt sie uns selbst
vergeben. In diesen wenigen Zeilen stecken die Summe
und der Kern von *Ein Kurs in Wundern*.

Vergebung läßt sich daher in drei Schritten zusammenfassen. Der erste Schritt besteht darin zu erkennen, daß das
Problem nicht draußen auf meiner Leinwand, sondern
innen, in meinem Film, liegt. Dieser Schritt besagt, daß
mein Ärger nicht gerechtfertigt ist, wenngleich dieser mir
stets einredet, daß das Problem außerhalb von mir in Ihnen
liegt und Sie sich ändern müssen, damit ich mich nicht zu

ändern brauche. Der erste Schritt drückt demnach aus, daß das Problem nicht im Äußeren, sondern in meinem Innern liegt. Dieser Schritt ist deswegen so wichtig, weil GOTT die ANTWORT auf das Problem der Trennung in uns hineingelegt hat. Der HEILIGE GEIST befindet SICH nicht außerhalb von uns, sondern in uns. Wenn wir behaupten, das Problem liege im Äußeren, was die Projektion immer behauptet, dann enthalten wir dem Problem die ANTWORT vor. Das entspricht ganz den Wünschen des Ego, denn wird das Problem des Ego vom HEILIGEN GEIST beantwortet, dann gibt es kein Ego mehr.

Also stellt es das Ego sehr spitzfindig und verschlagen an, uns im Glauben zu wiegen, das Problem liege im Äußeren, sei es in Menschen – unseren Eltern, Lehrern, Freunden, Ehegatten, Kindern, Präsidenten –, der Börse, dem Wetter oder GOTT SELBST. Wir sind alle gut darin, das Problem da zu sehen, wo es nicht ist, so daß die Lösung von dem Problem ferngehalten werden kann. Zwei Übungsbuchlektionen machen dies sehr deutlich, die Lektionen 79 und 80: »Laß mich das Problem erkennen, damit es gelöst werden kann« und »Laß mich erkennen, daß meine Probleme gelöst sind«. Es gibt nur ein Problem, den Glauben an die Trennung oder das Problem der Schuld; und das ist stets ein inneres, niemals ein äußeres. Der erste Schritt des Vergebens besteht also darin anzuerkennen, daß das Problem nicht im anderen, sondern in mir liegt, ebenso wie die Schuld nicht im anderen, sondern in mir selbst zu finden ist. Das Problem befindet sich nicht auf der Leinwand, auf die ich es projiziert habe. Vielmehr verbirgt es sich im Film, der in meinem Inneren läuft und ein Schuldfilm ist.

Der zweite Schritt nun, der schwierigste von allen, den wir um jeden Preis vermeiden möchten, besteht darin, uns mit diesem Film, sprich unserer Schuld, auseinanderzusetzen. Hier liegt der Grund, warum wir ein solch starkes Bedürfnis empfinden, Ärger und Angriff zu rechtfertigen und aufrechtzuerhalten sowie die Welt in Gut und Böse aufzuteilen. In dieser Weise zu verfahren hilft uns, diesen zweiten Schritt zu vermeiden, der bedeuten würde, uns unsere Schuld und all unsere Gefühle von Selbsthaß anzuschauen.

Beim ersten Schritt erkenne ich an, daß mein Ärger eine Entscheidung ist, die ich getroffen habe, um meine Schuld projizieren zu können. Beim zweiten Schritt nun drücke ich aus, daß die Schuld selbst auch eine Entscheidung darstellt, nämlich mich als schuldig statt als schuldlos zu sehen. Ich muß statt dessen anerkennen, daß ich ein SOHN GOTTES und kein Sohn des Ego bin und daß mein wahres Zuhause nicht in dieser Welt, sondern vielmehr in GOTT liegt. Das kann uns nicht gelingen, solange wir uns nicht unsere Schuld anschauen und erklären, daß sie nicht das ist, was wir wirklich sind. Diese Aussage wiederum können wir erst dann treffen, wenn wir zu einem anderen sagen: »Du bist nicht das, was ich aus dir gemacht habe. Du bist in Wirklichkeit eine Schöpfung GOTTES.«

Es gibt einige sehr eindrucksvolle Passagen im Kurs, die schildern, wieviel Angst dieser Schritt auslöst. Eine falsche Vorstellung, die sich Menschen häufig besonders dann machen, wenn sie die ersten Male in *Ein Kurs in Wundern* hineinschauen, besteht darin zu denken, daß alles nett und leicht ist. Der Kurs täuscht, wenn Sie nicht achtgeben. Auf einer Ebene sagt er, daß es einfach ist – daß wir alle in Wirklichkeit »zu Hause in GOTT sind und von der Verbannung träumen« (T-10.I.2:1) und alles in einem Augenblick geschehen könnte, wenn wir nur unser Denken änderten. Wir sehen dann diese Passagen und vergessen darüber all die anderen, in denen von der furchtbaren Angst die Rede ist, mit der dieser Prozeß einhergeht; von dem Unbehagen, dem Widerstand und dem Konflikt, die uns erwarten, wenn wir anfangen, diese Schritte zu machen und uns mit unserer Schuld zu befassen.

Niemand kann das Ego loslassen, ohne sich mit der eigenen Schuld und Angst auseinanderzusetzen, denn nichts anderes ist das Ego. Jesus sagte im Evangelium: »Wer nicht sein Kreuz trägt und mir nachfolgt, der kann nicht mein Jünger sein.« Sein Kreuz auf sich nehmen heißt, sich mit der eigenen Schuld und Angst auseinanderzusetzen und das Ego zu überwinden. Es gibt keine Möglichkeit, ohne Schwierigkeiten und Schmerz durch diesen Prozeß hindurchzugehen. Das heißt nicht, daß dies GOTTES WILLE für uns wäre. Es ist unser eigener Wille, denn wir sind diejenigen, von denen dieser Wille stammt, so wie wir auch diejenigen sind, von denen die Schuld gemacht wurde. Bevor wir sie also loslassen können, müssen wir sie erst anschauen, und das kann sehr schmerzhaft sein. Es gibt insbesondere zwei Stellen, die diesen Prozeß und das Ausmaß der damit einhergehenden furchtbaren Angst beschreiben (Ü-I.170; Ü-I.196.9-12). Im Abschnitt »Die zwei Welten« wird ebenfalls der scheinbare Schrecken thematisiert (T-18.IX.3), durch den wir hindurchgehen müssen, und die riesige Furcht vor der Auseinandersetzung mit der Angst vor GOTT, dem letzten Hindernis vor dem Frieden, dem Punkt, wo unsere Schuld am tiefsten vergraben ist.

Mit dem zweiten Schritt tun wir also die Bereitwilligkeit kund, unsere Schuld anzuschauen und zu sagen, daß wir sie erfunden haben, daß sie nicht GOTTES Gabe an uns ist, sondern aus unserer Entscheidung resultiert, uns selbst so zu betrachten, wie GOTT uns *nicht* schuf. Das heißt: als Kind der Schuld statt als Kind der LIEBE. *Ein Kurs in Wundern* betont nachdrücklich, daß wir als Urheber der Schuld nicht diejenigen sind, die sie aufheben können. Wir brauchen dazu Hilfe von außerhalb des Ego. Diese Hilfe ist der HEILIGE GEIST. Und die einzige Wahl, die wir haben, ist, den HEILIGEN GEIST zu bitten, das Denksystem des Ego zu korrigieren und die Schuld von uns zu nehmen. Darin besteht der dritte Schritt. Beim zweiten Schritt sagen wir IHM: »Ich möchte mich nicht länger als schuldig sehen. Bitte nimm die Schuld von mir!« Der dritte Schritt gehört dem HEILIGEN GEIST. ER nimmt die Schuld einfach weg, da ER sie in Wirklichkeit längst weggenommen hat. Unser einziges Problem ist, das zu akzeptieren.

Wir können die drei Schritte so zusammenfassen: Der erste Schritt hebt den projizierten Ärger auf, indem ich erkläre, daß das Problem nicht im Äußeren, sondern in meinem Inneren liegt. Der zweite Schritt besagt, daß das Problem in meinem Inneren meine eigene Erfindung ist und ich es jetzt nicht mehr länger will. Beim dritten Schritt übergeben wir dann das Problem dem HEILIGEN GEIST, und ER nimmt es von uns.

Diese Schritte hören sich zwar nett und einfach an, aber wenn Sie Glück haben, kommen Sie in einem Leben damit durch. Sie sollten nicht glauben, daß dies über Nacht geschieht. Einige Menschen haben die magische Hoffnung, das Durcharbeiten des Übungsbuches werde sie binnen eines Jahres in den HIMMEL befördern. Das ist in Ordnung, bis man auf der letzten Seite des Übungsbuches ankommt und dort liest: »Dieser Kurs ist ein Beginn, kein Ende« (Ü-II.Ep.1:1). Der Zweck des Übungsbuches ist, uns auf den richtigen Weg zu bringen und mit dem HEILIGEN GEIST in Kontakt kommen zu lassen. Von da an arbeiten wir mit IHM zusammen. Es ist ein Lebenswerk, unsere Schuld aufzuheben, weil sie so gewaltig ist. Wenn wir uns ihr auf einmal stellten, würden wir von ihr überwältigt und entweder glauben, erschlagen zu werden oder aber den Verstand zu verlieren. Deswegen müssen wir uns in kleinen Teilstücken mit ihr auseinandersetzen. Die verschiedenen Erfahrungen und Situationen in unserem Leben können für den Plan des HEILIGEN GEISTES eingesetzt werden, uns von der Schuld zur Schuldlosigkeit zu führen.

Ein Kurs in Wundern spricht viel davon, Zeit einzusparen. Er erklärt, daß Sie Tausende von Jahren sparen können, wenn Sie dem folgen, was er sagt (z.B. T-1.II.6:7). Wir sprechen – im Rahmen der Illusion der Zeit in dieser Welt – über ein nicht unbeachtliches Ausmaß an Zeit. Ich betone das deshalb, weil ich nicht möchte, daß Sie sich schuldig fühlen, wenn Sie weiterhin Probleme haben, während Sie mit dem Kurs arbeiten. Das wirkliche Ziel des Kurses auf der praktischen Ebene ist nicht, daß wir frei von Problemen sind, sondern sehen, was sie sind, und dann in uns das Mittel erkennen, sie aufzuheben.

Wie gesagt, besteht das Anliegen von *Ein Kurs in Wundern* eindeutig darin, das Denksystem des Ego und das Denksystem des HEILIGEN GEISTES, unsere Falschgesinntheit und Rechtgesinntheit, darzustellen, damit wir uns gegen die Falschgesinntheit und für die Vergebung und den HEILIGEN GEIST entscheiden können. Dieser Prozeß vollzieht sich langsam und erfordert Geduld. Niemand entkommt der Schuld von heute auf morgen. Menschen, die behaupten, ihr Ego überwunden zu haben, haben es vermutlich nicht überwunden, sonst würden sie nicht einmal ein Wort darüber verlieren.

Lassen Sie mich nun konkret besprechen, wie dieser Prozeß funktioniert. Hier sehen wir, wie Jesus und der HEILIGE GEIST uns bitten, mit den in unserem Leben auftretenden Situationen umzugehen. Sagen wir einmal, ich sitze hier, so wie ich bin, und versuche, die Sache meines VATERS zu tun. Nun kommt jemand herein und beleidigt oder bewirft mich. Wir wollen einmal annehmen, daß ich in dem Augenblick, in dem ich hier sitze, nicht rechtgesinnt bin, mich also für ein Ego halte. Ich fühle mich ängstlich und schuldig und glaube nicht, daß GOTT bei mir ist. Ich fühle mich also nicht wirklich wohl in meiner Haut. Jetzt kommen Sie herein und beginnen, mich zu beschimpfen und aller möglichen Dinge zu bezichtigen. Da ich schuldig bin, werde ich auf irgendeiner Ebene Ihren Angriff auf mich für gerechtfertigt halten. Das hat nichts damit zu tun, was Sie sagen oder nicht sagen, oder damit, ob das, was Sie sagen, wahr ist. Die Tatsache, daß ich bereits schuldig bin, verlangt, daß ich glaube, ich sollte angegriffen und bestraft werden. Sie kommen herein und tun genau das, was ich zu verdienen meine. Das wird zweierlei bewirken. Erstens verstärkt Ihr Angriff auf mich die Schuld, die ich bereits verspüre. Zweitens verstärkt er die bereits in Ihnen vorhandenen Schuldgefühle, denn Sie würden mich nicht angreifen, wenn Sie nicht schon schuldig wären. Ihr Angriff auf mich wird Ihre eigene Schuld verstärken.

In dieser Situation sitze ich nicht einfach da und nehme Ihren Angriff ohne Protest hin. Ich werde eine von zwei Möglichkeiten wählen, wobei beide ein und dasselbe sind. Die eine ist, mich weinend in die Ecke zu stellen, Sie aufzufordern, sich anzuschauen, wie furchtbar Sie mich behandelt haben, wieviel Leid Sie über mich gebracht haben und wie elend ich mich fühle, und Ihnen zu verstehen zu geben, daß Sie sich dafür verantwortlich fühlen sollten. Meine Botschaft an Sie würde in diesem Fall lauten: »Weil du mir etwas so Schreckliches angetan hast, geht es mir jetzt schlecht.« Auf diese Weise teile ich Ihnen mit, daß Sie sich schuldig fühlen sollten für das, was Sie mir zugefügt haben. Die andere Weise, wie ich dasselbe tue, besteht darin, Sie

meinerseits anzugreifen. Ich beschimpfe Sie auf jede er-
denkliche Weise und sage: »Woher nehmen Sie eigentlich
das Recht, mir derartiges zu sagen? *Sie* sind in Wirklichkeit
der Böse. Und so weiter.«

Diese beiden Abwehrmechanismen meinerseits sind
Methoden, Ihnen für das, was Sie mir angetan haben,
Schuldgefühle einzuflößen. Auf diese Weise mit Ihnen zu
verfahren stellt bereits einen Angriff dar, für den ich mich
schuldig fühlen werde. Allein dadurch, daß ich Ihnen, der
Sie schon Schuldgefühle haben, Schuld aufbürde, wird Ihre
Schuld verstärkt. In dem Augenblick also, wo Ihre Schuld
auf meine Schuld trifft, werden wir die Schuld gegenseitig
in uns verstärken, und dann sind wir beide noch tiefer zu
dem Gefängnis der Schuld verurteilt, in dem wir leben.

Nun lassen Sie uns einmal annehmen, daß Sie hereinkommen und mich beleidigen, ich jedoch jetzt rechtgesinnt
bin und mich gut fühle. Ich weiß, daß GOTT bei mir ist und
mich liebt und mich deswegen nichts verletzen kann. Sie
können mir jetzt antun, was Sie wollen. Da ich GOTTES Gegenwart spüre, fühle ich mich vollkommen sicher und
geborgen. Ich weiß, daß alles, was Sie sagen – selbst wenn
es auf irgendeiner Ebene stimmen mag –, auf einer tieferen
Ebene nicht wahr sein kann, weil ich weiß, daß ich ein SOHN
GOTTES bin und deswegen von meinem VATER vollkommen
geliebt werde. Nichts, was Sie tun oder sagen, kann mir das
nehmen.

Wenn wir davon ausgehen, daß dies meine Lage ist,
während ich hier sitze und Sie hereinkommen und mich
beleidigen, dann bin ich frei, Ihr Handeln in einer anderen
Weise zu betrachten. Es gibt eine wundervolle Zeile im ersten Johannesbrief im Neuen Testament, die lautet: »Vollkommene Liebe vertreibt die Furcht.« Jesus zitiert sie ver-
schiedentlich und mehrfach im Kurs. Vollkommene Liebe

vertreibt nicht nur die Furcht, sie vertreibt auch die Sünde, die Schuld und jede Form von Leiden oder Ärger. Ein Mensch kann unmöglich von der LIEBE GOTTES erfüllt sein (und sich mit ihr identifizieren) und gleichzeitig Angst haben, ärgerlich oder schuldig sein oder aber danach streben, irgend jemanden zu verletzen. Es ist absolut ausgeschlossen, GOTTES LIEBE zu spüren und zu versuchen, einem anderen Menschen weh zu tun. Das geht einfach nicht.

Wenn Sie also versuchen, mich zu verletzen, heißt das, daß Sie in diesem bestimmten Augenblick nicht glauben, von der LIEBE GOTTES erfüllt zu sein. Weder erkennen Sie sich selbst als SOHN GOTTES, noch glauben Sie, daß GOTT Ihr VATER ist. Und in diesem Egozustand werden Sie sich bedroht und schuldig fühlen und glauben, daß GOTT es auf Sie abgesehen hat. Die einzige Ihnen zur Verfügung stehende Methode, mit all dieser Schuld umzugehen, ist, einen Ihrer Brüder anzugreifen. Das ist es, was die Schuld immer tun wird. Wenn Sie mich also beleidigen und angreifen, heißt das in Wirklichkeit: »Bitte lehre mich, daß ich unrecht habe! Bitte lehre mich, daß es einen GOTT gibt, DER mich liebt, und daß ich SEIN Kind bin! Bitte zeige mir, daß die Liebe, die ich nicht zu verdienen glaube, in Wirklichkeit für mich da ist!« Deswegen ist jeder Angriff ein Ruf nach Hilfe oder ein Ruf nach Liebe.

Der erste Abschnitt des zwölften Kapitels im Textbuch »Das Urteil des HEILIGEN GEISTES« (T-12.I) liefert dazu eine sehr klare Aussage. In den Augen des HEILIGEN GEISTES verbirgt sich hinter jedem Angriff ein Ruf nach Hilfe oder ein Ruf nach Liebe, denn ein Mensch, der sich geliebt fühlt, könnte niemals angreifen. Der Angriff drückt ein Gefühl von Ungeliebtsein aus. Deswegen ist er ein Ruf nach Liebe folgenden Inhalts: »Bitte zeige mir, daß ich mich irre, daß es wirklich einen GOTT gibt, DER mich liebt, und daß ich SEIN

Kind und nicht das Kind des Ego bin!« Wenn ich rechtgesinnt bin, werde ich dann das hören. Ich werde in dem
Angriff einen Ruf nach Liebe hören. Und da ich mich an
diesem Punkt mit GOTTES LIEBE identifiziere, wie könnte
ich da anders reagieren, als zu versuchen, diese LIEBE
auszudehnen?

Die konkrete Form, in der ich dem Angriff begegne,
bleibt dem HEILIGEN GEIST überlassen. Wenn ich rechtgesinnt bin, werde ich IHN fragen, und ER wird mir zeigen, wie
ich reagieren soll. Die Form meines Handelns ist nicht
wichtig. Dies ist kein Kurs über Handeln oder Verhalten,
sondern ein Kurs über das Verändern unseres Denkens.
Wie *Ein Kurs in Wundern* sagt: »Suche deshalb nicht, die
Welt zu ändern, sondern entscheide dich, dein Denken
über die Welt zu ändern« (T-21.Einl.1:7). Wenn wir in Ein-
klang mit dem HEILIGEN GEIST denken, ist alles, was wir tun,
richtig. Der heilige Augustinus sagte einmal: »Liebe und
tue, was du willst.« Wenn Liebe in unserem Herzen ist, sind
all unsere Handlungen richtig. Haben wir keine Liebe im
Herzen, wird alles, was wir tun, falsch sein, ganz gleich,
was es ist. Deswegen liegt mein Augenmerk oder Interesse
nicht darauf, was ich tue, wenn Sie mich angreifen. Mein
Interesse ist, rechtgesinnt zu bleiben, damit ich dann den
HEILIGEN GEIST fragen kann, wie ich mich verhalten soll.
Wenn ich rechtgesinnt bin, dann sehe ich Ihren Angriff als
Hilferuf und überhaupt nicht als Angriff.

Dieser Gedanke des Urteilens ist ungeheuer wichtig.
Dem HEILIGEN GEIST zufolge gibt es nur zwei Urteile, die
wir überhaupt über irgend jemanden oder irgend etwas in
dieser Welt fällen können. Entweder handelt es sich um einen Ausdruck von Liebe oder einen Ruf nach Liebe. Es gibt
keine Alternative. Das Leben in der Welt wird sehr einfach,
sobald Sie in dieser Weise denken. Wenn jemand mir ge-

genüber Liebe ausdrückt, wie kann ich dann anders reagieren, als auch Liebe auszudrücken? Wenn einer meiner
Brüder oder Schwestern nach Liebe ruft, wie kann ich dann
anders reagieren, als ihm oder ihr diese Liebe zu schenken?
Wie gesagt, macht dies das Leben in der Welt sehr einfach.
Es bedeutet, daß, unabhängig davon, was wir tun oder was
die Welt uns anzutun scheint, unsere Reaktion immer eine
der Liebe ist, was wirklich alles sehr, sehr einfach macht.
Um mit den Worten des Kurses zu sprechen: »Komplexität
ist vom Ego« (T-15.IV.6:2), Einfachheit hingegen ist von
GOTT. Wenn wir GOTTES Prinzipien folgen, wird alles, was
wir tun, immer gleich sein. Der Abschnitt am Ende des
fünfzehnten Kapitels wurde zu Neujahr geschrieben, und
Jesus schlägt einen Vorsatz für das neue Jahr vor, der lautet: »Mach dieses Jahr dadurch zu einem andern, daß du es
ganz zum selben machst« (T-15.XI.10:11). Wenn Sie alles
entweder als Ausdruck von Liebe oder als Ruf nach Liebe
sehen, werden Sie immer auf die gleiche Weise reagieren:
mit Liebe.

Vergebung heißt, daß ich über die Dunkelheit Ihres
Angriffs hinausschaue und ihn statt dessen als einen Ruf
nach Licht sehe. Das ist die Schau CHRISTI. *Ein Kurs in Wundern* zielt darauf ab, uns zu helfen, uns diese Schau zu eigen
zu machen, um mit ihr ausnahmslos jeder Person und jeder
Situation in unserem Leben zu begegnen. Eine einzige Ausnahme machen heißt nichts anderes, als zu sagen, daß es
einen Teil in mir gibt, den ich weiterhin von der Dunkelheit
der Schuld verhüllen und niemals vom Licht befreien lassen möchte. Ich werde dies in der Form tun, daß ich diesen
dunklen Fleck auf Sie projiziere und ihn in Ihnen sehe. Die
Endvision des Kurses findet sich auf der allerletzten Seite
des Textbuches, wo es heißt: »... kein einzig Quentchen
Dunkelheit bleibt mehr zurück, um das Antlitz CHRISTI vor

irgend jemand zu verstecken« (T-31.VIII.12:5). Dann ist alle Dunkelheit der Schuld in uns aufgehoben. Dann werden wir das Antlitz CHRISTI erblicken – das im übrigen nicht das Antlitz Jesu ist. Das Antlitz CHRISTI ist das Antlitz der Unschuld, das wir in jedem Menschen auf der Welt sehen. An diesem Punkt haben wir die Schau CHRISTI erlangt. Das nennt der Kurs die wirkliche Welt. Sie ist das letzte Ziel vor dem HIMMEL.

Im Hinblick auf unsere Lebensführung heißt das, alles und jedes, was geschieht, vom Augenblick unserer Geburt bis zum Augenblick unseres Todes, vom Augenblick unseres Erwachens bis zum Augenblick des Zubettgehens, als Möglichkeit zu betrachten, die der HEILIGE GEIST nutzen kann, um uns zu helfen, uns als sündenlos zu begreifen. Wie wir die Menschen in unserem Leben sehen, so sehen wir auch uns selbst. Deshalb sind also die schwierigsten und problematischsten Menschen das größte Geschenk an uns, denn wenn wir unsere Beziehung zu ihnen heilen können, dann heilen wir in Wirklichkeit unsere Beziehung zu GOTT.

Jedes Problem, das wir in jemand anderem sehen und aus unserem Leben ausschließen wollen, bezeugt in Wirklichkeit den geheimen Wunsch, einen Teil unserer Schuld auszuklammern, damit wir sie nicht loslassen müssen. Das ist die Anziehungskraft der Schuld, die vom Ego stammt. Die beste Methode, an unserer Schuld festzuhalten, ist, jemandem einen Hieb zu verpassen. Immer wenn wir in diese Versuchung geraten, dann, so sagt uns der Kurs, ist JEMAND in uns, DER uns auf die Schulter tippt und sagt: »Mein Bruder, wähle noch einmal« (T-31.VIII.3:2). Die Wahl lautet immer, zu vergeben oder nicht zu vergeben. Uns dafür zu entscheiden, jemand anderem zu vergeben, heißt, die Wahl zu treffen, uns selbst zu vergeben. Es gibt keinen Unterschied zwischen innen und außen. Alles ist eine Projektion dessen, was wir in unserem Innern fühlen. Wenn wir Schuld in uns empfinden, werden wir diese nach außen projizieren. Spüren wir die LIEBE GOTTES in uns, werden wir diese Liebe ausdehnen. Jeder Mensch und jeder Umstand in unserem Leben eröffnen uns die Chance zu sehen, was sich im Projektor unseres Geistes befindet. Sie alle geben uns die Möglichkeit, eine andere Wahl zu treffen.

F: Ich finde, das Ganze klingt großartig. Aber dann komme ich in praktische Situationen, in denen ich es anwenden muß. Ich kann ein Beispiel bringen, wo ich in ein Dilemma gerate und nicht weiß, wie ich es lösen soll. Sagen wir einmal, Sie arbeiten an einem Projekt für die Schule. Sie haben eine Stunde Zeit dafür, und jemand stört Sie. Sie haben dann die Wahl, in der einen oder anderen Weise zu handeln. Nehmen wir an, die Person stört Sie noch einmal, und es bleibt Ihnen trotzdem nur eine Stunde, um das Projekt fertigzustellen. An welchem Punkt kann man in der richtigen Geisteshaltung energischen Ärger auf korrekte Weise ausdrücken?

A: Das ist eine sehr gute Frage. Henri Nouwen, Professor in Yale, sagte einmal, er sei ständig bei seiner Arbeit unterbrochen worden, bis er erkannt habe, daß die Unterbrechungen seine Arbeit waren. Jemand wie ich, der scheinbar immer unterbrochen wird, müßte darin eine sehr hilfreiche Lektion finden. Lassen Sie mich versuchen, Ihnen einige Leitlinien zu geben.

Die Angelegenheit hängt davon ab, wie Sie meinen, daß Sie diese Stunde verbringen sollen: ob Sie glauben, daß es um Ihr Ziel geht oder um GOTTES Ziel für Sie. Eine Möglichkeit ist, daß das, was da in einer Stunde getan werden soll, in Wirklichkeit keine Stunde dauert. Vielleicht muß es überhaupt nicht getan werden. Und vielleicht ist die Person, die Sie unterbricht, wichtiger als die Arbeit. Vielleicht sind beide wichtig. Es mag auch sein, daß die Arbeit erledigt werden muß und auch dieser Mensch irgendeinen Ausdruck von Vergebung braucht. Hier ist der eigene Glaube so wichtig. Bei allem, was ich bis jetzt über Vergebung gesagt habe, ging es darum, was *wir* zu tun haben. *Ein Kurs in Wundern* legt sehr klar dar, daß Vergebung nicht von uns selbst gewährt werden kann. Der HEILIGE GEIST gewährt sie durch uns. Wenn Sie sich in der Lage zu befinden scheinen, daß alles, was Sie tun, falsch ist, würde der Glaube Ihnen sagen, daß dies nicht zufällig geschieht. Es ist Teil einer wichtigen Lektion für Sie und den anderen Menschen.

In einem solchen Fall sollten Sie in sich gehen, auf Ihre Weise beten und sagen: »Ich möchte dieses Projekt fertigstellen, aber hier ist ein Mensch, der um Hilfe ruft. Ich möchte ihn nicht als jemanden sehen, der mir auf die Nerven geht, sondern als meinen Bruder oder meine Schwester. Hilfe!« Wenn es wirklich Ihr Ziel ist, niemanden zu verletzen, während Sie das erledigen, was Sie glauben, erledigen zu müssen, dann wird sich eine Lösung finden.

Genau darin besteht ein Wunder: Ein Wunder ist nichts Magisches, das im Äußeren geschieht. Es passiert in Ihnen und erlaubt Ihnen, die Situation zu bewältigen. Diesem Prinzip gilt es immer dann zu folgen, wenn Sie sich einer Situation gegenübersehen, die unlösbar erscheint: wenn Sie also die aufrichtige Motivation haben, niemanden verletzen zu wollen, aber das machen wollen, was Sie eigentlich tun müßten, und nicht wissen, wie es gehen soll. Das ist die ehrlichste Aussage, die Sie treffen können, denn wir wissen in und aus uns selbst heraus nicht, wie wir uns verhalten sollen, selbst wenn wir uns absolut sicher fühlen. Aber es gibt JEMANDEN in uns, DER weiß, und an IHN können wir uns wenden. Das ist die Antwort auf unser Problem. Und das wird auch die Antwort auf all unsere Probleme sein.

Lassen Sie mich jetzt über »Jesus im Tempel« sprechen, ein Thema, das besonders in christlichen Gruppen fast immer dann zur Sprache gebracht wird, wenn ich über Ärger spreche. Sie kennen alle die Szene, wo Jesus den Tempel besucht. Wahrscheinlich hat sie stattgefunden, sonst wäre sie nicht in allen vier Evangelien erwähnt. Das ist übrigens eine der Methoden, wie man herausfindet, ob ein Ereignis stattgefunden hat oder nicht. Es gibt drei Evangelien, die Evangelien nach Matthäus, Markus und Lukas, die eine Gruppe bilden. Daneben ist da noch das Evangelium nach Johannes, das sich von den anderen drei ausgesprochen unterscheidet. Wenn etwas in allen vier Evangelien berichtet wird, besteht die große Wahrscheinlichkeit, daß es tatsächlich geschehen ist, vermutlich nicht immer so, wie es da geschrieben steht, aber aller Wahrscheinlichkeit nach hat es stattgefunden.

Von Matthäus, Markus und Lukas wird die Szene an das Ende von Jesu Leben verlegt, kurz vor den Zeitpunkt seiner Festnahme, während Johannes sie direkt zu Beginn seiner Lehrtätigkeit stattfinden läßt. Jesus befindet sich im Tempel zu Jerusalem, dem heiligsten Ort der Juden. Die Menschen verlangen für alles mögliche Geld, benutzen also den Tempel für ihre eigenen Zwecke. Jesus sagt: »Ihr macht aus dem Haus meines VATERS eine Räuberhöhle«, womit er Jeremias zitiert. Dann wirft er die Tische um, an denen die Geldwechsler ihre Geschäfte machen, und vertreibt sie aus dem Tempel. Übrigens heißt es nirgendwo im Evangelium, daß Jesus ärgerlich war. Er wird allerdings als in einem Zustand beschrieben, der Ärger sein könnte. Dieser Vorfall dient gewöhnlich zur Rechtfertigung des sogenannten heiligen

Zorns. Schließlich und endlich, so lautet die übliche Argumentation, ist Jesus auch ärgerlich geworden. Warum kann ich dann nicht ärgerlich werden? Interessanterweise vergessen die Menschen darüber alle anderen Stellen im Evangelium, an denen Jesus sehr deutlich macht, wie er zu Ärger steht. Sie brauchen nur die Bergpredigt zu lesen, in der er sagt: Ihr habt im Gesetz gelesen, daß ihr nicht töten sollt; ich aber sage euch, daß ihr nicht einmal zürnen sollt. Das ist eine ziemlich klare Aussage, und sie beschreibt exakt, wie er sich am Ende seines Lebens verhielt, wo niemand eine scheinbar größere Rechtfertigung gehabt hätte, dem Ärger nachzugeben, als er. Er aber wurde überhaupt nicht ärgerlich.

Es ist sehr interessant, zu beobachten, wie die Menschen sich einen Vorfall herausgreifen und alles übrige vergessen. Ich für meinen Teil glaube, daß es drei Möglichkeiten gibt, die Szene im Tempel zu interpretieren. Die eine ist, daß sie nicht in der Weise stattfand, wie es geschrieben steht. Das könnte als Ausflucht betrachtet werden, doch die heutige Bibelforschung belegt inzwischen zur Genüge, daß viele der ärgerlichen Worte, die Jesus zugeschrieben wurden, gar nicht von ihm selbst stammten, sondern ihm von der frühen Kirche in den Mund gelegt wurden, die versuchte, ihre eigene Position zu rechtfertigen. Jesus wird einmal in folgender Weise zitiert: »Ich bin nicht gekommen, Frieden zu bringen, sondern das Schwert«, was er im Kurs übrigens neu interpretiert (T-6.I.15:2). Der Hieronymus-Bibelkommentar, ein maßgebliches katholisches Lehrbuch, stellt die Frage, wie der Friedensfürst so etwas je hätte sagen können, und kommt zu dem Schluß, daß dies von der frühen Kirche stammt und nicht von Jesus selbst. Eine konkrete Möglichkeit ist also, daß Jesus die Vertreibung aus dem Tempel überhaupt nicht in der beschriebenen Weise vorgenommen hat.

Wenn wir dies aber einmal einen Augenblick außer acht lassen und davon ausgehen, daß sich die Szene tatsächlich so abspielte, dann würde ich mich für folgende Interpretation entscheiden: Wie jeder gute Lehrer wußte Jesus das, was er sagen wollte, auf die wirkungsvollste Weise anzubringen. Dies war eine sehr dramatische Szene mit Rücksicht auf all die Menschen, die sich in Jerusalem wegen des Passahfestes, eines der drei wichtigsten Feste des Judentums, aufhielten, zu dem eigentlich alle den Tempel in Jerusalem besuchen mußten. Der Vorfall trug sich kurz vor dem Passahfest zu, als der Platz von Menschen wimmelte. Für einen Juden war das der heiligste Ort auf Erden. Diesen Ort wählte Jesus aus, um sehr deutlich zu zeigen, wie seines VATERS Tempel zu behandeln war. Man könnte diese Szene also in der Weise verstehen, daß er nicht persönlich ärgerlich war, sondern etwas deutlich machen wollte, und zwar auf die dramatischste und überzeugendste Weise, die es gab.

Ärger beinhaltet drei Haupteigenschaften. Erstens ist ein ärgerlicher Mensch nicht in Frieden. Niemand würde versuchen, von sich zu behaupten, daß er im Augenblick des Ärgers gleichzeitig Frieden habe. Die beiden Zustände schließen einander aus. Zweitens ist in dem Moment, da Sie sich ärgern, GOTT für Sie das Allerfernste. Sie denken nicht an GOTT, sondern an das, was diese furchtbare Person Ihnen angetan hat. Die dritte Eigenschaft des Ärgers hat mit dem Menschen zu tun, auf den Sie ärgerlich sind. Sie betrachten ihn zu diesem Zeitpunkt keinesfalls als Bruder oder Schwester, sondern ganz offensichtlich als Ihren Feind, sonst würden Sie nicht angreifen.

Nun fände ich persönlich es schwierig zu glauben, daß irgend etwas auf dieser Welt Jesus an diesem Punkt seines Lebens hätte den Frieden rauben und ihn hätte veranlassen können, seinen VATER zu vergessen oder irgend jemanden auf dieser Welt nicht als Bruder oder Schwester anzusehen. Ich glaube daher, daß Jesus im Tempel nicht ärgerlich wurde, wie wir ärgerlich würden, sondern daß er auf diese eindringliche Weise eine Lektion darbot und lehrte, damit die Leute ihn verstehen konnten. An vielen Beispielen im Evangelium wird deutlich, daß Jesus auf eine bestimmte Weise lehrte, wenn er zur Menge sprach, auf eine ganz andere Weise, wenn er seine Apostel unterwies, und auf eine dritte Art bei den ihm vertrautesten Aposteln Johannes, Jakobus oder Petrus. Wie jeder Lehrer weiß, gibt es verschiedene Ebenen des Lehrens. Der Tempel war ein öffentlicher Ort, an dem er versuchte, die Aufmerksamkeit der Leute zu gewinnen, um seiner Lehre Gehör zu verschaffen. Er war deswegen nicht persönlich ärgerlich auf diejenigen, die er hinauswarf.

Noch eine dritte Erklärung wäre denkbar. Man könnte annehmen, daß Jesus einen Egoanfall hatte. Es reichte ihm einfach, er wurde ungeduldig und ärgerlich und schimpfte herum. Ich persönlich kann nicht glauben, daß dies zu jenem Zeitpunkt seines Leben möglich gewesen wäre. Sollte das jedoch Ihre Auffassung sein, dann würde immer noch die Frage lauten, warum Sie sich mit seinem Ego identifizieren möchten statt mit dem CHRISTUS in ihm und mit all dem übrigen, das er gelehrt, gesagt und vorgelebt hat.

Die drei Erklärungen sind also die: (1) Der Vorfall fand überhaupt nicht in dieser Weise statt; (2) Jesus versuchte nur, auf einer anderen Ebene zu lehren, und war nicht ärgerlich; (3) er hatte einfach einen Egoanfall, und warum möchten Sie sich damit identifizieren, wenn es viel bessere Möglichkeiten gibt, mit dem Problem umzugehen?

F: Wie kommt es, daß in der Psychotherapie Ärger so häufig als therapeutisch angesehen wird: zu lernen, ihn auszudrücken und all das?

A: Die meiste Psychotherapie stammt vom Ego. Es ist bedauerlich, daß die Psychologie der letzten zwanzig oder dreißig Jahre den Ärger entdeckt hat und ihn zum Idol macht.

Lassen Sie mich ein wenig über Ärger sprechen, der eins der größten Probleme auf der Welt ist. Die Schrift über Psychotherapie* erklärt, daß das Problem der Psychotherapie in Wirklichkeit das Problem des Ärgers ist, weil Ärger einen wichtigen Abwehrmechanismus gegen Schuld bildet, indem er unsere Aufmerksamkeit im Äußeren gefesselt hält.

Es ist interessant, die Geschichte des Ärgers in diesem Jahrhundert besonders aus dem Blickwinkel der Psychologen zu verfolgen, um uns vor diesem Hintergrund anzuschauen, welche Einstellung heutzutage in dieser Beziehung vorherrscht.

Während ungefähr der ersten fünfzig Jahre dieses Jahrhunderts dominierten in der Psychologie Freud und die Psychoanalyse. Wenn wir Freud lesen und sehen, welchen Einfluß er hatte, dann erweist es sich als hilfreich, nicht zu vergessen, daß er sein Werk in einer ausgesprochen viktorianischen Atmosphäre schuf. Das Wien der Jahrhundertwende war stark von viktorianischen Werten geprägt, und Freud war einfach ein Kind seiner Zeit. Gefühle und konsequenterweise auch das Ausdrücken von Gefühlen trafen bei ihm insofern auf tiefe Abneigung und Angst. Interes-

---

* »Psychotherapy: Purpose, Process and Practice«, 1976, Foundation for Inner Peace, Glen Ellen, CA; Übersetzung erscheint im Greuthof Verlag.

santerweise zielt seine ganze Lehre darauf ab, uns von der Verdrängung zu befreien. Doch die von ihm persönlich und in seinen Theorien vertretene Einstellung war, daß man Gefühle nicht ausdrücken sollte. Man durfte sie analysieren, sublimieren oder verschieben, aber sollte sie nicht ausagieren. Wir wollen uns hier auf das Gefühl des Ärgers beschränken.

Die dominante Einstellung in der Psychologie und Psychotherapie war, die Menschen zu lehren, ihre Gefühle zu analysieren, zu sublimieren oder auf anderes zu verlagern, ohne sie jedoch zum Ausdruck zu bringen. Dies entsprach sicher auch der vorherrschenden christlichen Wertvorstellung. Ein »wirklicher« Christ hält die andere Wange hin, was, wie die Lehre gelehrt und verstanden wurde, bedeutet, noch einen zweiten Schlag ins Gesicht zu bekommen. (So hat Jesus es übrigens nicht gemeint: daß wir Opfer sein sollen, die in seinem Namen leiden.) All dies wurde durch den Gedanken verstärkt, daß Ärger etwas Furchterregendes und Schlechtes sei, das hinuntergeschluckt und verdrängt werden müsse. Nach dem Zweiten Weltkrieg fand in der Psychologie eine Revolution statt. Plötzlich entdeckten die Menschen ihre Gefühle. Dabei entstand die ganze Bewegung der T-Gruppen, Sensitivity-Gruppen, Sensitivity-Trainings, Encounter-Gruppen, Marathon-Gruppen etc. Die Leute wurden also sehr gut darin, ihre Abwehrmechanismen gegen den Ärger zu durchbrechen und ihre gesamten Gefühle und Emotionen zu erleben, besonders den Ärger.

Das Pendel schwang von einem Extrem ins andere. Das Kriterium für seelische Gesundheit war jetzt nicht mehr, Ärger zu verdrängen und zu analysieren, sondern die Gefühle herauszulassen – was die Menschen inzwischen ausgesprochen gut gelernt haben. So wurde also die grundlegende Alternative aufgestellt, den Ärger entweder zu verdrängen oder ihn auszudrücken. Wenn wir unseren Ärger laufend verdrängen, bekommen wir Magengeschwüre oder Magen-Darm-Probleme. Ihn andererseits immer auszudrücken bewirkt genau das, wovon ich vorhin gesprochen habe: Die Schuld, die dem Ärger zugrunde liegt, wird verstärkt. Es scheint also keinen Ausweg zu geben.

Der Schlüssel, um das Problem zu verstehen, ist, sich die Voraussetzung anzusehen, die diesen beiden Optionen zugrunde liegt. Interessanterweise handelt es sich beide Male um dieselbe. Die jeweiligen Lösungen scheinen sich zu unterscheiden – die eine heißt Verdrängen, die andere Ausdrücken –, doch die Voraussetzung bleibt dieselbe. Es sind in Wirklichkeit die Kehrseiten ein und derselben Medaille. Die Prämisse lautet, daß Ärger eine grundlegende, dem Menschen angeborene Emotion ist. Wenn also über Ärger gesprochen wird, wird er fast wie eine in Zahlen ausdrückbare Energiemenge beschrieben. Es wohnt uns etwas inne, das uns zu Menschen macht und das den Ärger einschließt, und wir müssen irgendwie mit ihm umgehen. Wenn wir ihn hinunterschlucken und behalten, dann explodiert er in uns, und wir bekommen Geschwüre. Als Alternative können wir diese Energiemenge aus uns hinausbefördern und sie uns vom Hals schaffen. Zudem scheint es sich außerordentlich gut anzufühlen, sich dieser furchtbaren Last des Ärgers zu entledigen. Der wirkliche Grund, warum ein Ausdrücken des Ärgers sich so gut anfühlt, hat nichts damit zu tun, daß wir den Ärger loswerden. Was da offenbar geschieht, ist, daß wir zum ersten Mal glauben, endlich von der Last der Schuld befreit zu sein.

Die grundlegende menschliche Emotion heißt nicht Ärger. Das ist der Trugschluß, der dem ganzen Ansatz der Welt bei der Betrachtung des Ärgers zugrunde liegt. Die grundlegende Emotion heißt Schuld. In *Ein Kurs in Wundern* gibt es einen sehr schönen Abschnitt mit dem Titel »Die zwei Gefühle« (T-13.V). Dort heißt es, daß wir nur zwei Gefühle haben. Das eine wurde uns gegeben, das andere haben wir selbst gemacht. Dasjenige, das uns gegeben wurde, ist die Liebe. Diese erhielten wir von Gott. Dasjenige, das wir als Ersatz für die Liebe gemacht haben, ist die Angst. Wie gesagt, können wir Angst immer durch das Wort Schuld ersetzen.

Die menschliche Grundemotion, die zugleich das Grundgefühl des Ego ist, heißt Angst oder Schuld, nicht Ärger. Ärger ist eine Projektion der Schuld und niemals das Problem. Das wirkliche Problem liegt immer in der zugrundeliegenden Schuld. Wir fühlen uns deswegen so gut, wenn wir unserem Ärger Luft machen, weil wir dann glauben, uns endlich unserer Schuld entledigt zu haben. Das Problem kommt am nächsten Morgen oder einige Tage später, wenn wir aufwachen und uns elend fühlen. Wir erleben dann den psychologischen »Kater«, der als Depression bekannt ist, ohne zu wissen, woher die Depression kommt. Wir machen alles mögliche dafür verantwortlich, merken aber nicht, daß der wirkliche Grund unserer Depression darin liegt, daß wir uns schuldig fühlen für das, was wir dem anderen angetan haben. Immer wenn wir ärgerlich werden oder angreifen, werden wir uns später schuldig fühlen. Man sagt, Depression sei unausgedrückte Wut. Auf einer Ebene stimmt das, aber unter der Wut liegt Schuld. Die wirkliche Bedeutung von Depression ist Schuld oder Selbsthaß.

Nachdem ich Ihnen jetzt all diese schrecklichen Dinge über den Ärger gesagt habe, möchte ich zumindest einen Umstand erwähnen, bei dem ein Ausdrücken von Ärger positiv sein kann. Und darum ging es ja in der Frage. Die Voraussetzung ist, den Ärger von einem therapeutischen

Standpunkt aus zu betrachten. Wenn uns unser Leben lang gesagt wurde, Ärger sei böse – so wie das wahrscheinlich für jeden in diesem Raum gilt –, dann heißt das, uns wurde in Wirklichkeit beigebracht, Ärger für angsterregend zu halten. Wir glauben, Ärger auszudrücken habe zur Folge, daß dem anderen oder – noch schlimmer – uns selbst etwas Furchtbares geschehen werde. Es kann dann als Teil des Prozesses der völligen Befreiung von Ärger und Schuld therapeutisch sehr hilfreich sein, durch eine Zeit hindurchzugehen, in der wir den Ärger ausagieren und erleben, daß er keine große Sache ist. Wir können uns über Leute ärgern, ohne daß sie tot vor uns umfallen. Wir können über jemanden ärgerlich werden, und GOTT wird uns nicht erschlagen für die furchtbare Tat, die wir begangen haben. Tatsächlich wird überhaupt nichts Schlimmes passieren. Es ist keine große Sache. An diesem Punkt können wir dann den Ärger objektiver anschauen und erkennen, daß er überhaupt nicht das Problem ist. Das wirkliche Problem ist der Ärger, den wir wegen unserer Schuld gegen uns selbst richten.

Allerdings läuft man Gefahr, diesen Schritt nicht als vorübergehenden anzusehen, sondern dank der neuesten Lehren der Psychologie zum Endziel zu erklären. Dann wird der Ärger als Idol angebetet, weil es sich so gut anfühlt, loszulegen und auf einen anderen Menschen ärgerlich zu werden. Da die Psychologie ein sehr weltliches System ist, wird sie uns niemals lehren, das wirkliche Problem in der Schuld zu suchen und die Schuld als Abwehr gegen GOTT zu betrachten. So wird denn das Ausdrücken des Ärgers zum Ziel, und dies fühlt sich dann so gut an, daß wir es nicht aufgeben wollen. Unser wirkliches Ziel sollte jedoch sein, mit der zugrundeliegenden Schuld in Berührung zu kommen und uns mit ihr auseinanderzusetzen. Wir müssen unseren Ärger nur in einer bestimmten Phase ausdrücken, um ihn dann völlig hinter uns zu lassen. Wenn wir also durch eine Zeit gehen, in der wir das Bedürfnis spüren, ärgerlich zu werden, sollten wir das als vorübergehenden Zustand betrachten und versuchen, den Ärger nicht als große Sache anzusehen. Dann können wir zum wirklichen Problem, der Schuld, vorstoßen. Setzen wir uns tatsächlich mit der Schuld auseinander und lassen sie los, dann brauchen wir niemals mehr ärgerlich zu werden.

F: Bei Krishnamurti habe ich gehört, daß eine sofortige Veränderung möglich sei.

A: In *Ein Kurs in Wundern* steht dasselbe. Er sagt, dies alles hier könne in einem Augenblick enden. An anderen Stellen jedoch erklärt er, es werde lange dauern und man müsse geduldig sein. Ganz am Anfang des Textbuches gibt es eine Stelle, von der ich sicher bin, daß sie sehr viele Leute aus der Fassung gebracht hat. Sie handelt vom JÜNGSTEN GERICHT, womit die kollektive Aufhebung des Ego oder die Vollendung der SÜHNE gemeint ist. Da heißt es: »Genauso, wie die Trennung über Millionen von Jahren geschah, wird auch das JÜNGSTE GERICHT sich über einen ähnlich langen Zeitraum erstrecken, und vielleicht über einen noch längeren« (T-2.VIII.2:5). Direkt danach steht allerdings, daß die Zeit durch Wunder beträchtlich verkürzt werden kann. Aber es wird wahrscheinlich wirklich nicht über Nacht geschehen. Führen Sie sich einmal den Aufbau unserer Welt vor Augen: Ein riesiges Ausmaß an Angst liegt ihren sämtlichen Aspekten zugrunde. Jede Institution und jedes Denksystem auf dieser Welt wird von Angst und Schuld in Gang gehalten. Sie können das nicht einfach sofort ändern. Ich denke, der Plan der SÜHNE, und die Rolle des Kurses bei diesem Plan, besteht darin, das Denken der einzelnen Menschen sehr viel schneller zu verändern, als es sonst der Fall sein würde. Darin liegt die »himmlische Beschleunigung«, aber es geschieht trotz allem im Rahmen einer beträchtlichen Zeitspanne.

Die Bedeutung von Wundern

Ich möchte einige Worte über Wunder sagen, weil das ja der Titel des Buches ist. Auch das Wunder gehört in die Reihe der Begriffe, die hier anders verwendet werden. Der Kurs benutzt das Wort »Wunder« einfach im Sinne von Berichtigung, das heißt, im Sinne des Aufhebens einer falschen Wahrnehmung. Das Wunder bezeichnet eine Veränderung der Wahrnehmung, es bezeichnet die Vergebung, es ist das Mittel der Heilung. All diese Wörter bedeuten im Grunde dasselbe. Es geht nicht um etwas Äußerliches. Ein sogenanntes Wunder in äußerlicher Hinsicht, wie zum Beispiel über Wasser gehen oder eine äußerliche Heilung bewirken, spiegelt lediglich ein inneres Wunder wider. Das Wunder meint eine innere Veränderung. Eine der schönsten Zeilen im Kurs, die genau beschreibt, worin ein Wunder nach der Definition des Kurses besteht, lautet: »Der heiligste von allen Orten dieser Erde ist der, an dem ein alter Haß zu gegenwärtiger Liebe wurde« (T-26.IX.6:1). Das ist ein Wunder. Wenn Sie plötzlich von einer Wahrnehmung des Hasses zu einer Wahrnehmung überwechseln, in der Sie den gleichen Menschen mit Liebe betrachten, dann hat ein Wunder stattgefunden. Es ist ein Wandel der Wahrnehmung, eine Korrektur der Betrachtungsweise des Ego hin zu der Betrachtungsweise des HEILIGEN GEISTES.

Es ist deswegen ein Kurs in Wundern, weil uns gesagt wird, wie man das macht, wie wir unser Denken ändern können. Wir verändern nicht die Welt, sondern unser Denken über die Welt. Wir streben nicht an, einen anderen Menschen zu verändern, sondern unsere Betrachtungsweise von diesem Menschen. Der HEILIGE GEIST wird dann durch uns wirken, damit wir das tun, was ER für das Beste hält. Es vollzieht sich ein Geisteswandel, begleitet von einem Wandel der Wahrnehmung. Das ist ein Wunder, und darin besteht das Ziel des Kurses.

Ich möchte nun ein wenig über die Rolle GOTTES und des HEILIGEN GEISTES bei diesem Prozeß sprechen. *Ein Kurs in Wundern* zeichnet sich unter anderem dadurch aus, daß er ein religiöses Buch ist, und nicht einfach nur ein Buch zur Selbsthilfe oder ein vernünftiges psychologisches System, was selbstverständlich auch zutrifft. Er ist ebenso ein tiefreligiöses Buch. Seine religiösen Aussagen kreisen um zwei Gesichtspunkte. Der erste ist, daß uns ohne GOTT nichts bleibt als das Ego. Wenn wir nicht wissen, daß es einen GOTT gibt, der uns schuf und dessen SOHN wir sind, bleiben wir in dem Bild oder der Wahrnehmung stecken, die wir von uns selbst haben, und das wird immer irgendein Ableger des Ego sein. Wahre Vergebung kann nicht geschehen, wenn sie nicht zuerst durch den Glauben genährt wird, daß wir unverletzlich sind, also uns, mit anderen Worten, niemand und nichts auf der Welt weh tun kann. Ein solcher Glaube ist unmöglich, solange wir nicht wissen, daß es einen GOTT gibt, DER uns schuf und uns liebt. Auf diesem Fundament ruht das gesamte Denksystem des HEILIGEN GEISTES, so wie es im Kurs zum Ausdruck kommt.

Der zweite Aspekt der Wichtigkeit GOTTES bei alldem ist ein wenig praktischer. Wahre Vergebung ist ohne den HEILIGEN GEIST unmöglich. Dies gilt von zwei Gesichtspunkten her. Erstens sind nicht wir diejenigen, die vergeben. Wir sind nicht diejenigen, die die Schuld aufheben. Strenggenommen meint *Ein Kurs in Wundern*, wenn er von Vergebung spricht, in Wirklichkeit unsere Entscheidung, die Vergebung des HEILIGEN GEISTES durch uns hindurchfließen zu lassen. In uns selbst und von uns selbst aus können wir nie vergeben, denn in uns selbst und von uns selbst aus sind wir – zumindest in dieser Welt – Ego. Wir können ein Denksystem nicht von innerhalb dieses Denksystems verändern. Wir brauchen Hilfe von außen, die in das Denksystem hineinkommt und es transformiert. Diese Hilfe, die von außerhalb des Egodenksystems kommt, ist der HEILIGE GEIST. ER ist es, DER durch uns vergibt.

Der zweite Gesichtspunkt ist sogar noch entscheidender und wird eine Reihe von offenen Fragen beantworten. Vergebung ist das allerschwierigste auf der Welt. Aus diesem Grunde praktiziert sie kaum jemand, und deswegen wurde die gesamte Idee der Vergebung, die Jesus uns lehrte, von Anfang an so furchtbar mißverstanden. Wenn wir nämlich wahrhaft vergeben, so wie der Kurs Vergebung versteht, lassen wir unsere gesamte Schuld los. Und niemand, der sich mit dem Ego identifiziert, möchte das. Ohne GOTTES Hilfe gibt es keine Möglichkeit, die tieferen Schuldprobleme zu bewältigen, die sich uns stellen werden.

Wenn Sie sich die Zeit als Kontinuum vorstellen, ist es hilfreich, das Bild eines Teppichs zu verwenden, um diesen Prozeß zu beschreiben.

GOTT CHRISTUS	wirkliche Welt	Ego – Schuld ⟶
		Welt – Körper – Form – Zeit
		⟵ HEILIGER GEIST – Vergebung

Der Teppich der Zeit

Als die Trennung geschah, entrollte sich der gesamte Teppich der Zeit, auf dem wir uns seither von GOTT fortbewegt haben. Je weiter wir uns von GOTT entfernen, desto tiefer verstricken wir uns in diese Welt und die Probleme von Schuld und Sünde. An einem bestimmten Punkt, dann nämlich, wenn wir den HEILIGEN GEIST um Hilfe bitten, fangen wir an, den Prozeß umzukehren und wieder auf GOTT zuzugehen. Einige der interessantesten Passagen des Kurses sprechen über die Zeit. Sie sind sehr schwer zu verstehen, weil wir uns alle in der Zeit befinden. An einer Stelle heißt es, die Zeit gehe scheinbar vorwärts, während sie in Wirklichkeit zu einem Punkt zurücklaufe, an dem die Zeit begann. Das war, als die Trennung geschah (T-2.II.6; H-2.3; 4:1-2). Der ganze Zweck der SÜHNE ist der Plan des HEILIGEN GEISTES, das Ego aufzuheben. Es verschwindet, sobald der Teppich der Zeit zusammengerollt wird. Das Ego möchte uns dazu bewegen, ihn immer weiter auszurollen, während der HEILIGE GEIST uns darum bittet, ihn wieder zusammenzurollen.

Wenn wir ihn zusammenrollen, was durch die Vergebung und das Wunder bewirkt wird, kommen wir der Grundfeste des Egosystems näher. Der Anfang des Teppichs ist die Geburt des Ego, des Heimes von Sünde und Schuld. Da liegt der tiefste Teil des Egosystems verborgen. Wenn Sie an das Bild des Eisbergs denken, das ich eingangs erwähnt habe, dann repräsentiert der unterste Teil des Eisbergs den harten Kern der Schuld, die wir alle spüren.

Wenn wir dieser Schuld und Angst näherkommen, vor der wir ein Leben lang (oder mehrere Leben lang) versucht haben wegzulaufen, dann werden wir in Panik geraten. Diese Schuld ist das Vernichtendste und Angsterregendste auf der Welt. Deswegen vollzieht sich der Prozeß langsam und erfordert Geduld. Wenn wir zu schnell vorgehen, sind wir nicht auf den Angriff der Schuld vorbereitet, der uns treffen wird. In den letzten beiden Absätzen am Ende des ersten Kapitels (T-1.VII.4-5) wird von der Notwendigkeit gesprochen, den gesamten Stoff, darunter auch die ersten vier Kapitel, sehr langsam und sorgfältig durchzuarbeiten, sonst sind wir nicht auf das vorbereitet, was später kommt, und werden in Angst geraten. Wenn das geschieht, werfen die Leute dann das Buch weg.

Wir müssen uns, ganz abgesehen vom Kurs, durch den ganzen Stoff in uns selbst langsam durcharbeiten, weil sonst unsere Angst ein größeres Ausmaß annehmen wird, als wir verkraften können. Wenn wir uns also der Grundfeste des Egosystems nähern, wird unsere Angst vor der Schuld, die dort vergraben liegt, zunehmen. Ohne das Wissen, daß da JEMAND mit uns geht und unsere Hand hält, DER uns liebt, werden wir nicht in der Lage sein, diesen Schritt zu tun.

Ein Kurs in Wundern lehrt, daß der Prozeß der Aufhebung unserer Schuld nicht auf ein völliges Erwachen aus dem Traum abzielt, sondern darauf, in der »wirklichen Welt« oder dem »glücklichen Traum« zu leben. Mit dem Zusammenrollen des Teppichs erreichen wir also einen Geisteszustand, in dem wir keine Schuld mehr projizieren müssen und deshalb die ganze Zeit über in Frieden sind, unabhängig davon, was in der Außenwelt vor sich geht. Dieser Geisteszustand heißt die »wirkliche Welt«, ein Konzept, das die Sanftheit widerspiegelt, die den Weg des Kurses auszeichnet. Im Text heißt es: »GOTT wollte, daß er sanft und voller Freude erwache, und gab ihm die Mittel, furchtlos zu erwachen« (T-27.VII.13:5).

Eine häufig an mich gerichtete Frage lautet, wie ich über Vergebung zu Menschen spreche, die nicht an GOTT glauben. Ich hatte gerade diese Woche Gelegenheit, zu Bewohnern eines Altenheims zu sprechen, in dem meine Mutter eine ehrenamtliche Tätigkeit ausübt. Es ist eine jüdische Organisation, wobei die meisten Menschen jedoch nicht im üblichen Sinne religiös sind. Ich habe über Vergebung gesprochen, was ich immer tue. Es war eine interessante Herausforderung. Ich versuchte, GOTT nicht zu sehr ins Spiel zu bringen, weil das die Zuhörer noch mehr befremdet hätte. Es ist allerdings sehr schwierig, über Vergebung zu sprechen, ohne GOTT mit hineinzubringen, weil ohne GOTT wahre Vergebung nicht stattfinden kann.

Die Anfangsschritte des Vergebungsprozesses kann jeder vollziehen, denn wir können immer gelehrt werden, Menschen anders zu sehen. Bei den wirklich schwierigen Problemen jedoch, und letztendlich sind das Probleme der Vergebung, müssen wir wissen, daß JEMAND bei uns ist, DER uns liebt. Trotzdem ist dieser JEMAND nicht wir, sondern der HEILIGE GEIST beziehungsweise Jesus oder wie auch immer wir IHN nennen wollen. Ohne diese Hilfe werden wir zuviel Angst haben, den Weg zu Ende zu gehen, und nicht bereit sein, einen bestimmten Punkt zu überschreiten. So ist der HEILIGE GEIST nicht nur unser FÜHRER und LEHRER, sondern auch unser TRÖSTER. Ganz am Ende des Übungsbuches sagt Jesus: »... und dessen sei gewiß, daß ich dich niemals ungetröstet lassen werde« (Ü-II.Ep.6:8). Solange wir nicht wissen, daß er diese Aussage sehr wörtlich meint – daß also JEMAND in uns wohnt, DER nicht von uns ist und DER uns liebt und tröstet –, werden wir, bei der Auseinandersetzung mit unserer Schuld, niemals fähig sein, an dieser Grundfeste des Egosystems vorbeizukommen. Wie gesagt, geschieht dies immer im Zusammenhang damit, einem anderen Menschen zu vergeben. Weder Jesus noch der HEILIGE GEIST interessiert sich dafür, welchen Namen wir für SIE wählen. Es ist IHNEN jedoch wichtig, daß wir erkennen, daß ein göttlicher BEISTAND in uns ist, DER unsere Hand nimmt und uns hindurchführt. Ohne dieses Gefühl des Trostes und der Sicherheit werden wir niemals in der Lage sein, das Ego hinter uns zu lassen. Und wenn sich die Dinge zu verschlimmern scheinen, kann es sein, daß sie in Wirklichkeit besser werden.

Im neunten Kapitel des Textbuches gibt es zwei sehr hilfreiche Abschnitte: »Die zwei Bewertungen« (T-9.VII) und »Größe und Größenwahn« (T-9.VIII). Sie enthalten zwei klare Aussagen darüber, wie das Ego uns gerade dann angreifen und bösartig werden wird, wenn wir dem HEILIGEN GEIST folgen. Denken Sie daran, daß für das Ego die Schuldlosen schuldig sind. Wenn wir das Ego verraten und Schuldlosigkeit statt Schuld wählen, wird das Ego es uns heimzahlen. Deswegen sagt der Kurs, die Spannbreite der Gefühle des Ego reiche von Argwohn bis hin zu Bösartigkeit (T-9.VII.4:7). Sobald wir anfangen, den HEILIGEN GEIST ernst zu nehmen, wird das Ego ausgesprochen bösartig. Das ist dann der Fall, wenn die Dinge allem Anschein nach schwierig werden.

Ich bespreche dies jetzt wie ein abstraktes Prinzip. Wenn wir aber durch den Prozeß hindurchgehen, ist es alles andere als abstrakt. Es kann das Vernichtendste, Mächtigste und Schmerzhafteste sein, was wir jemals durchgemacht haben. Falls wir dann nicht wissen, daß JEMAND bei uns ist, DER für die Liebe und die Wahrheit spricht und uns anders sieht, werden wir da niemals durchkommen. Wir werden das Buch einfach wegwerfen, unters Bett kriechen und niemals mehr hervorkommen oder aber in die andere Richtung laufen. Aus diesem Grund muß der Prozeß langsam vonstatten gehen, und deshalb werden wir auch sorgsam geführt. Der Plan der SÜHNE ist für jeden von uns sorgfältig ausgearbeitet, was die unterschiedliche Zeit erklärt, die es uns alle kostet, ihn zu erfüllen.

Den Aussagen des Kurses zufolge ist der Lehrplan der SÜHNE auf die persönlichen Bedürfnisse zugeschnitten (H-29.2:6), was bedeutet, daß der HEILIGE GEIST für uns jede einzelne Form korrigiert, in der wir jeweils individuell unseren gemeinsamen Irrtum der Trennung manifestieren. Wir sind nicht diejenigen, die diesen Lehrplan aufstellen, noch verstehen wir überhaupt, was dieser Plan in Wahrheit ist. Und wir bringen uns da definitiv nicht selbst hindurch. Uns nicht mit GOTT zu verwechseln ist deshalb unerläßlich, andernfalls gibt es niemanden, an den wir uns wenden können, wenn es anfängt, ungemütlich zu werden.

Es stimmt zwar, daß laut Kurs der HEILIGE GEIST immer Menschen in die Welt »schicken« wird, um uns zu helfen. Der letztendliche Sinn dieser Menschen jedoch besteht darin, uns zu dem Wissen zu führen, daß die PERSON, DIE am meisten helfen kann, in uns ist. Wir wollen GOTT für die Menschen danken, die unsere Hand halten, wenn wir durch bestimmte Dinge hindurchgehen. Dennoch liegt die letzte QUELLE des Trostes immer im Innern, denn dorthin hat GOTT die ANTWORT gelegt. Ich möchte noch einmal betonen, daß es sich um einen langsamen Prozeß handelt. Wenn wir zu schnell vorgehen, wird uns die Angst überwältigen, bevor wir genügend Vertrauen zu uns selbst und GOTT entwickelt haben. Uns selbst vertrauen heißt wissen, daß der HEILIGE GEIST da ist, um uns hindurchzuhelfen. Sobald wir Fortschritte machen und unsere täglichen Lektionen üben, werden wir anfangen festzustellen, daß alle Wunder und Veränderungen, die geschehen, nicht von uns getan werden. Sie werden durch uns, aber nicht von uns getan. Es gibt JEMANDEN, DER uns hilft hindurchzugehen.

Ein Kurs in Wundern macht sehr deutlich, wie wichtig es ist, eine persönliche Beziehung entweder zu Jesus oder dem HEILIGEN GEIST zu entwickeln. Unter dem Aspekt der

Funktion ist es gleich, wen Sie wählen. Beide fungieren als unsere inneren Lehrer, und der Kurs verwendet sie abwechselnd in dieser Weise. Wenn der Kurs die Notwendigkeit für diese persönliche Beziehung zu unserem inneren Lehrer betont, spricht er vom Heiligen Geist nicht als einer abstrakten Wesenheit, sondern er behandelt ihn wie eine Person und benutzt das Pronomen »er«. Er bezeichnet ihn auch oft als Ausdruck der Liebe Gottes für uns. Das ist auch dann der Fall, wenn Jesus von seiner eigenen Rolle spricht.

Der Kurs möchte deshalb, daß wir ein Gefühl entwickeln, daß jemand in uns ist, keine abstrakte Kraft, sondern eine wirkliche Person, die uns liebt und uns hilft. Ohne dieses Gefühl der Sicherheit werden wir weit vor dem Ziel innehalten, weil die Angst uns einfach überwältigt. Wenn Sie diese persönliche Erfahrung des Heiligen Geistes bis jetzt noch nicht gemacht haben, dann sollten Sie nicht in Panik geraten. Seien Sie einfach geduldig, dann zeigt er sich schon von selbst. Es genügt zu wissen, daß jemand Ihnen hilft, unabhängig davon, ob Sie es fühlen oder einfach nur verstandesmäßig erfassen. Er wird sich Ihnen in der Form zeigen, die Sie akzeptieren können. Nicht die Form ist wichtig, sondern einzig und allein das Bewußtsein, daß jemand in Ihnen ist, der nicht von Ihnen ist. Er ist in Ihnen, aber nicht von Ihnen, weil er von einem Teil in Ihnen kommt, der nicht Ihr Egoselbst ist.

F: Wir haben die freie Wahl. Könnten wir uns nicht dafür entscheiden, daß die Zeit beschleunigt wird, wenn wir uns bereit fühlen?
A: Ja, selbstverständlich. Das ist ja das, was das Wunder bewirkt.

F: Das bezieht sich jetzt auf ein Leben. Warum müssen wir also in Dimensionen von Jahrmillionen denken?

A: Die Jahrmillionen gelten für die gesamte SOHNSCHAFT. Das JÜNGSTE GERICHT stellt das Ende des materiellen Universums dar, wie wir es kennen. Allerdings kann ein einzelner Mensch die Zeit beträchtlich verkürzen.

Lassen Sie mich noch einmal darauf hinweisen: Wenn wir gut vorankommen und etwas anfängt, auf uns einzuhämmern, ist es vermutlich ein gutes Zeichen. Es zeigt an, daß das Ego Angst bekommen hat. Das Ego wird dann versuchen, uns dazu zu bewegen, die STIMME, die wir gehört haben, anzuzweifeln. Es wird alles unternehmen, damit wir den Kurs und all das anzweifeln, was wir gelernt haben und was für uns funktioniert hat. Wir sollten also damit rechnen, aber nicht versuchen, es herbeizuführen. Findet der Egoangriff dann statt, dann wissen wir, worum es sich handelt, und es ist sehr hilfreich, in der Lage zu sein, das Ego als solches zu erkennen. Das Ego greift, wie gesagt, genau dann an, wenn wir glauben, egolos zu werden. Denken Sie daran, wenn es anfängt, ungemütlich zu werden. Das heißt keineswegs, daß das Ganze Lug und Trug ist, sondern daß Angst in uns aufgekommen ist, was nichts anderes bedeutet, als daß unser Ego Angst bekommen hat. Wir sollten dann zurücktreten, die Hand Jesu nehmen und um seine Hilfe bitten beim Anschauen der Angst. Allein daß wir seine Hand nehmen, zeigt uns bereits, daß wir nicht das Ego sind. Dann werden wir uns den Egoangriff anschauen und erkennen, daß er nicht das ist, was er zu sein scheint.

In einem wichtigen Abschnitt, der »Über dem Schlachtfeld« (T-23.IV) heißt, bittet uns Jesus, uns über das Schlachtfeld zu erheben und das Geschehen von oben zu betrachten. Aus dieser Perspektive werden uns die Dinge anders erscheinen. Wenn wir jedoch in der Mitte stehenbleiben, ist das einzige, was wir sehen, Schmerz, Blutvergießen und Schuld. Von einer höheren Warte aus wird das Schlachtfeld des Ego auf uns anders wirken. Wir werden sehen, daß es nur unser Ego ist, das da Bocksprünge macht, und verstehen, daß dies in Wirklichkeit belanglos ist. Dieser Prozeß braucht Zeit. Wir sollten nicht erwarten, daß sich eine solche Sicht von heute auf morgen einstellt. Aber wenn es dann schließlich geschieht, werden wir erkennen, daß lediglich unser Ego uns gerade das Leben schwermacht. Das ist nicht die Wirklichkeit. Die Wirklichkeit lautet, daß es einen GOTT gibt, DER uns liebt und DER JEMANDEN gesandt hat – Jesus oder den HEILIGEN GEIST –, um IHN zu vertreten, uns die Hand zu halten und uns durch die schwierige Zeit hindurchzuführen.

F: Kann es das sein, was in meiner Meditation geschieht, wenn ich beispielsweise durch Phasen hindurchgehe, in denen ich mich während der Meditation überhaupt nicht mit mir selbst konfrontieren kann und sehr viel innerer Lärm auftritt? Ist dies das Ego, das kämpft?
A: Ja. Was Sie tun müssen, ist, es erkennen und nicht zu ernst nehmen. Kämpfen Sie nicht dagegen an, sonst geben Sie dem Problem Wirklichkeit. Sie sollten also zurücktreten, es anschauen und lachen. Es gibt einige Stellen im Kurs, an denen uns empfohlen wird, über das Ego zu lachen. An einer Stelle heißt es, daß dieser Traum, den wir für die Welt halten, seinen Anfang nahm, als der SOHN GOTTES zu lachen vergaß (T-27.VIII.6:2-3). Wenn wir in der Lage sind, über die Welt und das Ego zu lachen, werden sie als Problem verschwinden. Das Schlimmste, was wir tun können, ist, gegen das Problem anzukämpfen, weil es dadurch scheinbare Wirklichkeit erhält. Doch ist dieses Lachen gewiß

nicht verächtlich, noch sollten wir es als Aufforderung zur Gleichgültigkeit gegenüber den jeweils konkreten Formen verstehen, in denen sich Menschen mit dem grundlegenden Problem der Trennung auseinandersetzen.

5

Jesus: Der Sinn seines Lebens

Ich halte es für wichtig, jetzt über Jesus zu sprechen, weil aus den schon eingangs erwähnten Gründen alle Menschen mit ihm Schwierigkeiten zu haben scheinen. Wenn man in dieser Welt aufwächst, ob als Christ oder als Jude, wird einem immer eine verzerrte Vorstellung von Jesus vermittelt.

Sein Anliegen in *Ein Kurs in Wundern* ist, die Mißverständnisse auszuräumen. Er möchte als liebevoller Bruder verstanden werden statt als Bruder, der Urteil, Tod und Leiden repräsentiert oder den es womöglich gar nicht gibt. Aus diesem Grunde kam der Kurs in seiner spezifischen Form, und deswegen betont Jesus auch, daß er der Autor ist. Ich möchte zunächst darüber sprechen, wie Jesus sich und den Sinn seines Lebens beschreibt.

Eines der wichtigsten Konzepte in *Ein Kurs in Wundern* ist das von Ursache und Wirkung. Es ist hilfreich, dieses Konzept auf den Gedanken der Vergebung anzuwenden, besonders wenn man den Auftrag Jesu verstehen will und wie er ihn erfüllte. Ursache und Wirkung haben die besondere Eigenart, daß die eine nicht ohne die andere bestehen kann. Was etwas als Ursache ausweist, ist, daß es zu einer Wirkung führt. Was etwas zur Wirkung macht, ist, daß es von einer Ursache stammt.

Eine meiner Lieblingszeilen im Kurs lautet: »Die Ursache wird durch ihre Wirkungen zur Ursache gemacht« (T-28.II.1:2). Was also etwas zur Ursache macht, ist, daß es eine Wirkung nach sich zieht, während etwas zur Wirkung wird, weil es eine Ursache hat. Dieses fundamentale Prinzip liegt sowohl dieser Welt als auch dem HIMMEL zugrunde. GOTT ist die erste URSACHE, und die WIRKUNG ist SEIN SOHN. Also ist GOTT die URSACHE, die SEINEN SOHN zur WIRKUNG hatte. Und als WIRKUNG GOTTES machen wir nun wiederum GOTT zum SCHÖPFER oder VATER.

Das Prinzip gilt ebenfalls in dieser Welt, beispielsweise in der Form, daß jeder Aktion eine Reaktion folgt. Wenn etwas also keine Ursache ist, kann es auf der Welt nicht existieren. Alles auf der Welt muß eine Wirkung zur Folge haben, sonst würde es nicht bestehen. Jeder Aktion muß eine Reaktion folgen. Das ist ein fundamentales Prinzip der Physik. Sobald etwas existiert, hat es eine Wirkung auf etwas anderes. Deswegen ist alles, was auf dieser Welt existiert, eine Ursache und hat eine Wirkung. Es ist diese Wirkung, die die Ursache zur Ursache macht. Ist das deutlich? Dieses Prinzip zu verstehen ist sehr wichtig. Wir können es dann nämlich als abstrakte Formel verwenden und darauf aufbauen.

Erinnern Sie sich an die biblische Geschichte von der Erbsünde. Als GOTT Adam und Eva ertappte und bestrafte, kleidete ER die Strafe in eine kausale Aussage folgenden Inhalts: »Weil ihr gesündigt habt, wird die Wirkung eurer Sünde ein Leben voller Leiden sein.« Die Sünde ist deswegen die Ursache allen Leidens auf der Welt. Die Sünde der Trennung, die zur Entstehung des Ego führte, hat ein Leben des Leidens, des Schmerzes und schließlich des Todes zur Folge.

Alles, was uns auf dieser Welt begegnet, ist die Wirkung unseres Glaubens an die Sünde. Die Sünde stellt demnach die Ursache dar und hat Schmerz, Leiden und Tod zum Ergebnis. Der heilige Paulus formulierte eine brillante Erkenntnis, als er sagte: »Denn der Sold der Sünde *ist* der Tod.« (Das wird auch im Kurs zitiert [T-19.II.3:6].) Er drückte damit ebendiesen Sachverhalt aus. Die Sünde ist die Ursache und ihre Wirkung der Tod. Nichts belegt die Wirklichkeit der getrennten Welt so deutlich wie der Tod. Das ist ein wichtiges Thema im Kurs.

Der Tod dient also als letzter Beweis für die Wirklichkeit der Sünde. Er ist die Wirkung der ihn verursachenden Sünde. Versucht man, dem Denken des HEILIGEN GEISTES zu folgen und zu beweisen, daß diese Welt nicht wirklich ist und die Sünde der Trennung niemals geschah, ist es daher einzig und allein notwendig zu demonstrieren, daß die Sünde keine Wirkung hat. Läßt sich zeigen, daß die Ursache keine Wirkung hat, dann kann es die Ursache nicht länger geben. Was keine Ursache ist, ist nicht wirklich, weil alles, was wirklich ist, eine Ursache sein und deswegen eine Wirkung zeitigen muß. Die Wirkung wegzunehmen heißt auch, die Ursache zu eliminieren.

Wenn nun die größte Wirkung der Sünde auf dieser Welt der Tod ist, dann beinhaltet der Beweis, daß es keinen Tod gibt, gleichzeitig, daß es keine Sünde gibt. Das wiederum heißt, daß die Trennung niemals stattfand. Wir brauchen also jemanden, der uns demonstriert, daß es keinen Tod gibt. Indem dieser Mensch den Tod außer Kraft setzt, hebt er auch die Sünde auf und zeigt uns gleichzeitig, daß keine Trennung existiert, daß eine solche niemals stattfand und die einzige Wirklichkeit, die einzig wahre URSACHE, GOTT ist. Dieser Mensch war Jesus. Sein Auftrag bestand darin zu offenbaren, daß der Tod nicht existiert.

Das Evangelium nennt Jesus das Lamm GOTTES, welches die Sünden der Welt hinwegnimmt. Er nahm sie hinweg, indem er zeigte, daß sie keine Wirkung hatten. Durch die Überwindung des Todes nahm er alle Sünden fort. Auf diese Weise wurde es allerdings nicht von den Kirchen verstanden oder gelehrt. Einer der Gründe, warum der Kurs jetzt und in dieser Weise gekommen ist, liegt darin, diesen Irrtum zu korrigieren. Jesus lebte auf dieser Welt – der Welt des Leidens, der Sünde und des Todes –, um zu zeigen, daß sie keine Wirkung auf ihn hatte.

Das Prinzip von Ursache und Wirkung ist in folgendem Diagramm zusammengefaßt:

	Ursache ←——→	*Wirkung*
HIMMEL	GOTT (VATER) ←——→	CHRISTUS (SOHN)
Welt	Sünde ←——→	Leiden Krankheit Tod

Das gesamte Fundament von *Ein Kurs in Wundern* beruht auf dem Verständnis, daß die Auferstehung Jesu wirklich stattgefunden hat. Strenggenommen ist die Auferstehung das Erwachen aus dem Traum des Todes, spielt sich also auf der geistigen und nicht der körperlichen Ebene ab. Da sich der Kurs jedoch auch hier an den traditionellen christlichen Sprachgebrauch hält, verwendet er häufig den Begriff »Auferstehung«, um dem traditionellen Verständnis zu entsprechen. Jesus sagte: »Lehre nicht, daß ich umsonst gestorben bin. Lehre vielmehr, daß ich nicht gestorben bin, indem du aufzeigst, daß ich in dir lebe« (T-11.VI.7:3-4). Er sagt dasselbe viele Male auf verschiedene Weisen. Entscheidend ist also, zu verstehen, daß es keinen Tod gibt, denn ist der Tod real, dann ist damit auch jede andere Form des Leidens real, während GOTT tot ist. Wenn überdies die Sünde real ist, bedeutet das, daß ein Teil GOTTES sich von GOTT selbst getrennt hat, was heißt, daß es keinen GOTT geben kann. GOTT und SEIN SOHN können nicht getrennt sein.

So stellte sich Jesus also dem zwingendsten Zeugnis für die Wirklichkeit dieser Welt und zeigte, daß es keine Macht über ihn hatte. Dies war der ganze Sinn seines Lebens, sein Auftrag und seine Funktion. Den Tod überwinden heißt zu zeigen, daß der Tod ebenso unwirklich ist wie seine scheinbare Ursache und wir uns daher niemals wirklich von unserem VATER getrennt haben. Damit ist die Trennung aufgehoben. Der Kurs bezeichnet den HEILIGEN GEIST als das Prinzip der SÜHNE. In dem Augenblick, da die Trennung zu geschehen schien, legte GOTT den HEILIGEN GEIST in uns, DER die Trennung aufhob. Das ist das Prinzip, es mußte sich jedoch auf dieser Welt offenbaren. Es war Jesus, der das Prinzip der SÜHNE durch sein Leben, seinen Tod und seine Auferstehung manifestierte.

Wie gesagt, brauchen wir, um aus *Ein Kurs in Wundern* Nutzen zu ziehen, Jesus nicht als unseren persönlichen Erlöser anzunehmen, als Herrn oder wie immer auch unsere Bezeichnung lauten mag. Auf irgendeiner Ebene müssen wir jedoch akzeptieren, daß die Auferstehung geschehen sein könnte, selbst wenn wir nicht an Jesus glauben. Letztendlich läßt sich der Kurs nicht akzeptieren, wenn man nicht auch akzeptiert, daß der Tod eine Illusion ist. Das muß nicht sofort geschehen und auch nicht voll, denn in dem Augenblick, da wir es voll annehmen, werden wir nicht mehr länger hier sein. Das ist das Ziel. Aber als intellektuelle Vorstellung müssen wir es als wesentlichen Teil des gesamten Systems anerkennen.

F: Wenn Sie sagen, daß wir nicht mehr hier sein werden, meinen Sie dann damit, daß wir sterben werden?

A: Es bedeutet, daß wir nicht mehr für unsere eigene SÜHNE hier sein müssen. Irgendwann haben wir den Sinn unseres Daseins hier erfüllt. Dann werden wir unseren Körper ablegen und wieder zu Hause sein. Das ist ein schöner Gedanke, keinesfalls ein schlimmer, wie wir dies im allgemeinen glauben.

Das Prinzip von Ursache und Wirkung liegt auch der Vergebung zugrunde, und Jesus gibt einige der besten Beispiele dafür. Erinnern Sie sich noch einmal an den Fall, daß ich hier sitze, während jemand hereinkommt und mich angreift. Wenn ich nicht rechtgesinnt bin, halte ich dann diesen Menschen für die Ursache meines Leidens, so daß mein Leiden als Folge seiner Sünde erscheint. Meine gekränkte Reaktion verstärkt die Tatsache, daß der andere gesündigt hat. Bin ich rechtgesinnt, dann halte ich die andere Wange hin, was in diesem Fall bedeutet, dem anderen zu zeigen, daß seine Sünde gegen mich keine Wirkung hat, weil ich nicht verletzt bin. Mit der Aufhebung der Wirkung hebe ich auch die Ursache auf. Das ist wahre Vergebung.

Jesus ging uns mit seinem Beispiel voran, nicht nur durch seine Auferstehung, sondern auch durch verschiedene Handlungen gegen Ende seines Lebens. Darauf wird in einer bedeutsamen Passage im Textbuch mit der Überschrift »Die Botschaft der Kreuzigung« (T-6.I) hingewiesen. Die Menschen griffen ihn an, erniedrigten, verhöhnten, beleidigten und töteten ihn schließlich. Mit dieser Sünde verursachten sie scheinbar Leiden bei ihm. Daß er nicht zum Gegenangriff ausholte, sondern sie weiterhin liebte und ihnen vergab, war seine Weise auszudrücken, daß ihre Sünde gegen ihn wirkungslos war. Darum hatten sie nicht gesündigt, sondern sich lediglich geirrt. Sie hatten einfach nur um Hilfe gerufen. Auf diese Weise vergab Jesus unsere Sünden, nicht nur während seines Lebens, sondern mit Sicherheit auch bei seiner Auferstehung. Sie brachte klar zum Ausdruck, daß die Sünde des Mordes, die die Welt gegen ihn begangen hatte, keine Wirkung hatte. Er ist immer noch bei uns. Deswegen können die Menschen ihn nicht getötet haben, was auch heißt, daß sie nicht gesündigt haben. Sie haben ihre »Sünde« nur falsch betrachtet. Das ist der vom Kurs beschriebene Vergebungsplan des HEILIGEN GEISTES. Man hebt die Ursache auf, indem man zeigt, daß sie keine Wirkung hat.

Es ist das Schwierigste auf der Welt, Angriffen mit Vergebung zu begegnen. Doch ist dies das einzige, worum GOTT uns bittet, so wie dies auch das einzige ist, worum Jesus uns bittet. Und das Schöne ist, daß er uns nicht nur mit seinem vollkommenen Beispiel voranging, sondern, daß er auch in uns geblieben ist, um uns zu helfen, dasselbe zu tun. Niemand könnte den Angriffen dieser Welt begegnen, ohne zu wissen, daß uns JEMAND innerlich beschützt, liebt und tröstet und uns bittet, seine Liebe mit dem Angreifer zu teilen. Ohne seinen Beistand schaffen wir es nicht. Und Jesus ruft uns in *Ein Kurs in Wundern* immer wieder von neuem auf, bei der Vergebung seine Hilfe in Anspruch zu nehmen.

F: Bedeutet das also, daß, wenn wir einem Angreifer wirklich vergeben, nicht unser Ego vergibt, sondern wir zur Manifestation des HEILIGEN GEISTES »geworden« sind und ER es ist, DER vergibt?

A: Ja. Wenn Jesus im Kurs sagt, daß er die Manifestation des HEILIGEN GEISTES sei, meint er damit, daß er keine andere Stimme hat. Der HEILIGE GEIST wird als die STIMME FÜR GOTT

beschrieben. GOTT hat nicht zwei Stimmen. Da Jesus kein
Ego mehr besitzt, ist die einzige ihm zur Verfügung
stehende Stimme die des HEILIGEN GEISTES, und er ist IHRE
Manifestation. In dem Maße, wie wir uns mit ihm identifizieren und ihm folgen können, um seine Wahrnehmung
von der Welt (die Schau CHRISTI) zu teilen, bringen auch wir
den HEILIGEN GEIST zum Ausdruck, so daß unsere Stimme
zu SEINER STIMME wird. Immer wenn wir uns dann äußern,
wird SEINE STIMME zu hören sein. Und das ist es, worum
Jesus uns bittet.

Eine der schönsten Zeilen des Kurses steht in der Einführung zur fünften Wiederholung im Übungsbuch
(Ü-I.5.Wdh.Einl.9:2-3). Es ist eine der wenigen Stellen im
Übungsbuch, an denen Jesus von sich selbst spricht. Zusammengefaßt lautet sie: Ich brauche deine Augen, deine
Hände und deine Füße. Ich brauche deine Stimme, um
die Welt zu erlösen. Das heißt, daß er ohne uns die Welt
nicht erlösen kann. Das meint er an einer Stelle im Textbuch, wo er sagt: »Ich brauche dich ebensosehr wie du
mich« (T-8.V.6:10). Seine Stimme kann auf der Welt nicht
vernommen werden, es sei denn, sie erklingt durch uns,
weil sie sonst niemand hören kann. Sie muß in dieser Welt
durch konkrete Formen und Körper zum Ausdruck kommen, damit andere Körper sie hören können. Sonst wird er
immer ein symbolisches Abstraktum bleiben, das sehr wenig bedeutet. Er ist darauf angewiesen, daß wir unser Ego
weit genug loslassen, um ihm zu erlauben, durch uns zu
sprechen. Es gibt ein wunderschönes Gebet von Kardinal
Newman, das mit den Worten endet: »Und wenn sie auf-
schauen, dann laß sie nicht mich, sondern Jesus erblicken.«
Wenn die Menschen uns sprechen hören, dann mögen sie
nicht unsere, sondern nur seine Worte hören.

Es ist nicht notwendig, sich persönlich mit Jesus als historischer Figur zu identifizieren, jemandem, der gekreuzigt wurde und »von den Toten auferstand«. Es ist noch nicht einmal notwendig, sich mit ihm als dem Verfasser des Kurses oder unserem Lehrer zu identifizieren. Es ist allerdings notwendig, ihm zu vergeben. Andernfalls nehmen wir ihm etwas übel, das wir in Wirklichkeit uns selbst verübeln. Er bittet uns nicht darum, ihn als unseren persönlichen Lehrer zu akzeptieren, sondern lediglich, ihn anders zu betrachten und ihm nicht die Verantwortung für das zu geben, was andere aus ihm gemacht haben. An einer Stelle des Kurses sagt der HEILIGE GEIST: »Bittere Götzen wurden aus ihm gemacht, der nur ein Bruder für die Welt sein wollte« (B-5.5:7). Ebenso wie Freud sagte: »Ich bin kein Freudianer«, könnte Jesus sagen: »Ich bin kein Christ.« Nietzsche äußerte einmal, daß der letzte Christ am Kreuz gestorben sei, was unglücklicherweise vermutlich stimmt.

Zusammenfassend können wir uns an Jesu Worte in *Ein Kurs in Wundern* erinnern, daß wir ihn zum Vorbild für unser Lernen nehmen sollen (T-5.II.9:6-7; 12:1-3; T-6.Einl.2:1; T-6.I.7:2; 8:6-7). Das bedeutet zweifellos nicht, daß wir wie er gekreuzigt werden müssen, sondern vielmehr, daß wir uns mit dem Sinn seines Todes identifizieren. Wenn wir in Versuchung geraten, uns ungerecht behandelt oder als unschuldige Opfer dessen zu fühlen, was die Welt uns angetan hat, sollten wir uns an sein Beispiel erinnern und um seine Hilfe bitten. In den Augen der Welt galt er fraglos als unschuldiges Opfer, und doch teilte er diese Wahrnehmung nicht. Er bittet uns also, uns – unter gewöhnlich viel weniger extremen Umständen als in seinem Leben – daran zu erinnern, daß wir nur das Opfer unserer eigenen Gedanken werden und daß der Frieden und die LIEBE GOTTES, die unsere wahre IDENTITÄT sind, niemals von dem berührt werden können, was andere uns antun oder auch nur scheinbar antun. Diese Erinnerung bildet die Grundlage der Vergebung. Sie zu erlernen ist der Sinn und Zweck von *Ein Kurs in Wundern*.

Anhang

Glossar

Das folgende Glossar ist ein Auszug aus Kenneth Wapnicks *Glossar zu Ein Kurs in Wundern*. Die angegebenen Begriffe sind zentral für das Verständnis des Kurses. Die Abkürzung *F.* (Falschgesinntheit) steht für die Egointerpretation und *R.* (Rechtgesinntheit) für die Sichtweise des HEILIGEN GEISTES.

Abwehrmechanismen – *F.:* Die Dynamik, die wir verwenden, um uns vor unserer Schuld, unserer Angst und den scheinbaren Angriffen anderer zu »schützen«. Die wichtigsten Abwehrmechanismen sind Verleugnung und Projektion; ihre Eigenart ist, »daß alle Abwehrmechanismen das *bewirken*, was sie abwehren sollen«, da sie den Glauben an unsere eigene Verletzlichkeit stärken, was wiederum unsere Angst und den Glauben verstärkt, daß wir der Abwehr bedürfen.

R.: Neu interpretiert werden sie zu Mitteln, um uns von unserer Angst zu befreien. Die Leugnung beispielsweise leugnet »die Verleugnung der Wahrheit«, und die Projektion unserer Schuld ermöglicht es uns, uns dessen, was wir verleugnet haben, bewußt zu werden, so daß wir es wahrhaft vergeben können.

Angriff – Der Versuch, die Projektion der Schuld auf andere zu rechtfertigen, indem wir ihre Sündigkeit und Schuld aufzeigen, damit wir uns frei davon fühlen können. Da Angriff immer eine Projektion der Verantwortung für die Trennung darstellt, ist er niemals gerechtfertigt. Wird auch verwendet, um den Gedanken der Trennung von GOTT zu bezeichnen, für den wir einen Gegenangriff und eine Bestrafung von seiten GOTTES erwarten.

(Anmerkung: Angriff und Ärger werden praktisch synonym benutzt.)

Angst – Die Emotion des Ego, die im Gegensatz zur Liebe steht, dem uns von GOTT gegebenen Gefühl. Die Angst hat ihren Ursprung in der Erwartung, daß wir, wie unsere Schuld es fordert, für unsere Sünden bestraft werden. Die daraus resultierende furchtbare Angst vor dem, was wir zu verdienen glauben, führt durch die Dynamik von Verleugnung und Projektion dazu, daß wir uns verteidigen, indem wir andere angreifen, was lediglich unser Gefühl der Verletzlichkeit und der Angst verstärkt und einen Teufelskreis aus Angst und Abwehr herstellt.

Antlitz CHRISTI – Symbol der Vergebung; das Gesicht der wahren Unschuld, das wir in uns gegenseitig erblicken, wenn wir, befreit von unseren Schuldprojektionen, mit der Schau CHRISTI sehen. Es ist also die Ausdehnung der Schuldlosigkeit, die wir in uns selbst sehen, auf andere, unabhängig davon, was unsere physischen Augen sehen.

(Anmerkung: Nicht zu verwechseln mit dem Antlitz Jesu oder irgend etwas Äußerem.)

Auferstehung – Das Erwachen aus dem Traum des Todes; der totale Geisteswandel, durch den das Ego und seine Wahrnehmungen der Welt, des Körpers und des Todes transzendiert werden und es uns erlauben, uns vollständig mit unserem wahren SELBST zu identifizieren. Bezieht sich auch auf die Auferstehung Jesu.

Ausdehnung – *Erkenntnis:* Der fortlaufende Prozeß der Schöpfung, bei dem der reine Geist sich ausdehnt: GOTT erschafft CHRISTUS. Da der HIMMEL jenseits von Raum und Zeit ist, kann »Ausdehnung« nicht als räumlicher oder zeitlicher Prozeß verstanden werden.
Wahre Wahrnehmung: Die Ausdehnung des HEILIGEN GEISTES oder die Schau CHRISTI in Form von Vergebung oder Frieden; die Weise, wie der HEILIGE GEIST das Gesetz des Geistes verwendet, im Gegensatz zur Projektion des Ego. Da Ideen ihre Quelle nicht verlassen, bleibt das, was ausgedehnt wird, im Geist und wird in der Welt der Illusion gespiegelt.

Besondere Beziehungen – Beziehungen, auf die wir Schuld projizieren und die wir als Ersatz für die Liebe und unsere wahre Beziehung zu GOTT benutzen. Die Abwehrmechanismen, die den Glauben an das Mangelprinzip verstärken, während sie ihn aufzuheben scheinen, und damit das bewirken, was sie abwehren sollen, denn in besonderen Beziehungen versuchen wir, den wahrgenommenen Mangel in uns selbst zu stillen, indem wir von anderen nehmen, die unausweichlich als getrennt gesehen werden. Damit wird eine Schuld verstärkt, die letztendlich von unserer vermeintlichen Trennung von GOTT herrührt: der Gedanke des Angriffs, der die Urquelle unseres Gefühls von Mangel ist. Alle Beziehungen auf dieser Welt beginnen als besondere Beziehungen, da sie mit der Wahrnehmung von Trennung und Unterschieden beginnen, die dann vom HEILIGEN GEIST durch Vergebung berichtigt werden muß, was die Beziehung zu einer heiligen macht. Es gibt zwei Formen von Besonderheit: Der besondere Haß rechtfertigt die Projektion von Schuld durch Angriff; die besondere Liebe verbirgt den Angriff hinter der Illusion der Liebe, wobei wir glauben, daß unsere besonderen Bedürfnisse von besonderen Menschen mit besonderen Eigenschaften befriedigt werden und wir sie deswegen lieben. In diesem Sinne ist besondere Liebe in etwa gleichbedeutend mit Abhängigkeit, die Verachtung oder Haß erzeugt.

CHRISTUS – Die ZWEITE PERSON der DREIEINIGKEIT; der eine SOHN GOTTES oder die Gesamtheit der SOHNSCHAFT; das SELBST, DAS GOTT durch die Ausdehnung SEINES GEISTES schuf. Obwohl CHRISTUS wie SEIN VATER erschafft, ist ER nicht der VATER, da GOTT CHRISTUS schuf, aber CHRISTUS nicht GOTT schuf.
(Anmerkung: CHRISTUS ist nicht ausschließlich mit Jesus gleichzusetzen.)

DREIEINIGKEIT – Die Einheit IHRER EBENEN ist in dieser Welt nicht zu verstehen. Sie besteht aus erstens GOTT, dem VATER und SCHÖPFER, zweitens SEINEM SOHN CHRISTUS, unserem wahren SELBST, DAS unsere Schöpfungen einschließt, und drittens dem HEILIGEN GEIST, der STIMME FÜR GOTT.

Ego – Der Glaube an die Wirklichkeit des getrennten oder falschen Selbst, das gemacht wurde als Ersatz für das Selbst, das Gott erschaffen hat; der Gedanke der Trennung, der zu Sünde, Schuld, Angst und einem Denksystem führt, das auf Besonderheit beruht, um sich selbst zu schützen; der Teil des Geistes, der glaubt, daß er getrennt sei vom Geist Christi. Dieser gespaltene Geist hat zwei Teile: Falschgesinntheit und Rechtgesinntheit. *Ego* wird fast immer benutzt, um »Falschgesinntheit« zu bezeichnen, kann aber auch den Teil des gespaltenen Geistes einschließen, der lernen kann, die Rechtgesinntheit zu wählen.

(Anmerkung: *Ego* ist nicht gleichzusetzen mit dem »Ego« der Psychoanalyse, es kann aber in etwa mit der gesamten Psyche gleichgesetzt werden, von der das psychoanalytische »Ego« ein Teil ist.)

Ein Kurs in Wundern – Der *Kurs* nimmt häufig auf sich selbst Bezug. Sein Ziel ist nicht die Liebe oder Gott, sondern das Aufheben der Störungen der Schuld und Angst durch Vergebung. Diese hindern uns daran, Gott zu akzeptieren. Sein Hauptaugenmerk liegt also auf dem Ego und dessen Aufhebung und nicht auf Christus oder dem reinen Geist.

Einsgesinntheit – Der Geist Gottes oder Christi; die Ausdehnung Gottes, die der geeinte Geist der Sohnschaft ist und sowohl Rechtgesinntheit als auch Falschgesinntheit transzendiert. Sie existiert nur auf der Ebene der Erkenntnis und des Himmels.

Entscheidung – Die letzte uns verbleibende Freiheit als Gefangene dieser Welt ist unsere Macht, zu entscheiden.

Während Entscheidungen im HIMMEL unbekannt sind, sind sie hier notwendig, da es unsere Entscheidung war, getrennt von unserer QUELLE zu sein, und das muß berichtigt werden. Das wird erreicht, indem wir den HEILIGEN GEIST statt des Ego wählen, die Rechtgesinntheit statt der Falschgesinntheit.
Siehe auch: freier Wille

Erkenntnis – Der HIMMEL oder die Welt GOTTES und SEINER geeinten Schöpfung vor der Trennung. In ihr gibt es keine Unterschiede oder Formen, und deswegen schließt sie die Welt der Wahrnehmung aus. Nicht zu verwechseln mit dem landläufigen Begriff von »Erkenntnis«, der die Dualität eines Subjekts beinhaltet, das »erkennt«, und eines Objekts, das »erkannt« wird. Im *Kurs* meint Erkenntnis die reine Erfahrung der Non-Dualität ohne Scheidung von Subjekt und Objekt.

Erlösung – Die SÜHNE oder das Aufheben der Trennung. Durch den Geisteswandel, den die Vergebung und das Wunder bewirken, werden wir von unserem *Glauben* an die Wirklichkeit von Sünde und Schuld »erlöst«.

Falschgesinntheit – Der Teil unseres getrennten und gespaltenen Geistes, der das Ego enthält: die Stimme der Sünde, der Schuld, der Angst und des Angriffs. Wir werden wiederholt gebeten, die Rechtgesinntheit statt der Falschgesinntheit zu wählen, die uns immer mehr zu Gefangenen der Welt der Trennung macht.

Form und Inhalt – Die Vielzahl der Formen in der Welt verbirgt die Einfachheit ihres Inhalts: Wahrheit oder

Illusion, Liebe oder Angst. Das Ego versucht uns zu überzeugen, daß unsere Probleme auf der Ebene der Form liegen, damit der ihnen zugrundeliegende Inhalt, die Angst, der Aufmerksamkeit und der Berichtigung entgeht. Der HEILIGE GEIST berichtigt all unsere scheinbaren Probleme an ihrer Quelle, dem Geist, und heilt mit SEINER LIEBE den Egoinhalt der Angst, wobei ER aufzeigt, daß es keine Rangordnung der Schwierigkeit bei Wundern oder bei der Problemlösung gibt.

Freier Wille (1) – Existiert nur in der illusorischen Welt der Wahrnehmung, wo es scheint, als hätte der SOHN GOTTES die Macht, sich von GOTT zu trennen. Da wir auf der Wahrnehmungsebene wählen, getrennt zu sein, können wir auch die Wahl treffen, anderen Geistes zu werden. Diese Freiheit der Wahl – zwischen Recht- und Falschgesinntheit – ist die einzig mögliche Freiheit in dieser Welt. Im nondualen Zustand des vollkommenen Einsseins des HIMMELS kann es keine Wahl geben, und deswegen ist der freie Wille, wie er gewöhnlich verstanden wird, in der Wirklichkeit bedeutungslos.

(Anmerkung: Nicht zu verwechseln mit der »Willensfreiheit«, die widerspiegelt, daß der WILLE GOTTES vom Ego *nicht* zum Gefangenen gemacht werden kann und deswegen immer frei bleiben muß.)
Siehe auch: freier Wille (2)

Freier Wille (2) – Ein Aspekt unseres freien Willens innerhalb der Illusion: Wir haben die Freiheit, zu glauben, was die Wirklichkeit ist, aber da die Wirklichkeit von GOTT erschaffen wurde, haben wir nicht die Freiheit, sie in irgendeiner Weise zu verändern. Unsere Gedanken haben keinen Einfluß auf die Wirklichkeit, aber sie haben einen Einfluß auf das, was wir für die Wirklichkeit halten und als solche erfahren.

Siehe auch: freier Wille (1)

Gabe – *Erkenntnis:* Die Gaben GOTTES sind Liebe, ewiges Leben und Freiheit. Sie können niemals zurückgezogen werden, obwohl sie im Träumen der Welt verleugnet werden können.

Wahrnehmung: F.: Die Gaben des Ego sind Angst, Leiden und der Tod, obwohl sie oft nicht als das gesehen werden, was sie sind. Die Gaben des Ego werden durch Opfer »erkauft«.

R.: GOTTES Gaben übersetzt der HEILIGE GEIST in Vergebung und Freude, die uns gegeben werden, indem wir sie anderen geben.

Siehe auch: Geben und Empfangen

Geben und Empfangen – *F.:* Wenn jemand gibt, hat er weniger, was den Glauben des Ego an Mangel und Opfer unterstützt und sein Prinzip des »Gebens, um zu bekommen« veranschaulicht, dem zufolge es weggibt, um mehr von etwas anderem wiederzubekommen. Da das Ego glaubt, daß es seine eigentlichen Gaben der Schuld und Angst weggeben kann, ist seine Version des Gebens in Wirklichkeit Projektion.

R.: Geben und Empfangen sind identisch, was das im HIMMEL geltende Prinzip des Überflusses und das Gesetz der Ausdehnung widerspiegelt: Der Geist kann nie etwas verlieren, denn wenn man Liebe gibt, empfängt man sie. Die Gaben des HEILIGEN GEISTES sind qualitativ, nicht quantitativ, deswegen werden sie vermehrt, wenn sie miteinander geteilt werden. Dasselbe Prinzip gilt

auch auf der Egoebene: Wenn man Schuld weggibt (Projektion), empfängt man sie.
Siehe auch: Gabe

Gebet – Gehört nach dem landläufigen Verständnis zur Welt der Wahrnehmung, da wir damit GOTT um etwas bitten, was wir zu brauchen meinen. Andererseits ist unser einziges wirkliches Gebet das Gebet um Vergebung, weil dies uns wieder zu Bewußtsein bringt, daß wir bereits alles haben, was wir brauchen. So wie das Gebet im *Kurs* verwendet wird, schließt es die Erfahrungen der Kommunion mit GOTT, wie sie in Zeiten der Stille oder Meditation auftreten, nicht mit ein. Im »Lied des Gebets«* wird es mit einer Leiter verglichen, wodurch sowohl der Prozeß der Vergebung betont wird als auch die Kommunion zwischen GOTT und CHRISTUS, das LIED, das am Ende der Leiter selbst steht.

Geist – *Erkenntnis:* Die aktivierende Kraft des reinen Geistes (*spirit*), dem der Geist (*mind*) in etwa entspricht und dem er seine schöpferische Energie liefert.
Wahrnehmung: Das Wahlinstrument. Wir haben die Freiheit zu glauben, daß unser Geist vom GEIST GOTTES getrennt oder abgespalten sein kann (Falschgesinntheit) oder daß er IHM zurückgegeben werden kann (Rechtgesinntheit). Diesem Verständnis zufolge hat der gespaltene Geist also drei Teile: den falschgesinnten Geist, den rechtgesinnten Geist und den Teil des Geistes , der zwischen ihnen wählt (Entscheider). Geist ist nicht mit dem Gehirn zu verwechseln, das ein physisches Organ und deshalb ein Aspekt unseres körperlichen Selbst ist.

---

* Enthalten in *Ergänzungen zu Ein Kurs in Wundern*, Greuthof Verlag 1995

Glaube – Der Ausdruck dessen, worauf wir uns entscheiden zu vertrauen. Wir haben die Freiheit, an das Ego oder den HEILIGEN GEIST zu glauben, an die Illusion der Sünde in anderen oder an die Wahrheit ihrer Heiligkeit als SÖHNE GOTTES.

Glücklicher Traum – Die Berichtigung des HEILIGEN GEISTES für den Egotraum des Schmerzes und des Leidens. Obwohl der glückliche Traum auch eine Illusion ist, führt er uns über alle anderen Illusionen hinaus zur Wahrheit; er ist der Traum der Vergebung, in dem wir schließlich die wirkliche Welt sehen und die Erlösung finden.

GOTT – Die ERSTE PERSON der DREIEINIGKEIT; der SCHÖPFER, die QUELLE allen Seins oder Lebens; der VATER, DESSEN VATERSCHAFT durch die Existenz SEINES SOHNES CHRISTUS begründet wird; die ERSTE URSACHE, DEREN SOHN SEINE WIRKUNG ist; GOTTES Essenz ist reiner Geist und wird mit der ganzen Schöpfung geteilt, deren Einheit der Zustand des HIMMELS ist.

Götze – Symbol für den Ersatz unseres wahren SELBST oder GOTTES durch das Ego; ein falscher Glaube, daß es etwas anderes oder mehr als GOTT und somit von IHM Getrenntes geben kann; ein Glaube, der dann auf die besondere Beziehung projiziert wird: auf Menschen, Dinge oder Ideen; der Antichrist.

Haben und Sein – Der Zustand des HIMMELREICHES, in dem es keine Unterscheidung gibt zwischen dem, was wir haben, und dem, was wir sind; ein Ausdruck des Überflußprinzips: Alles, was wir haben, kommt von

GOTT und kann nie verlorengehen oder fehlen, einschließlich unserer IDENTITÄT als SEIN SOHN; ein wesentlicher Bestandteil der drei »Lektionen des HEILIGEN GEISTES«.

Heilige Beziehung – Das Mittel des HEILIGEN GEISTES, die unheilige oder besondere Beziehung aufzuheben, indem das Ziel der Schuld in das Ziel der Vergebung oder Wahrheit umgewandelt wird; der Prozeß der Vergebung, bei dem einer, der einen anderen als getrennt gesehen hatte, sich durch die Schau CHRISTI in seinem Geist mit ihm verbindet.

Heiliger Augenblick – Der Augenblick außerhalb der Zeit, in dem wir Vergebung anstelle von Schuld, das Wunder anstelle eines Grolls, den HEILIGEN GEIST anstelle des Ego wählen; der Ausdruck unserer kleinen Bereitwilligkeit, in der Gegenwart zu leben, die sich in die Ewigkeit öffnet, statt an der Vergangenheit festzuhalten und uns vor der Zukunft zu fürchten, was uns in der Hölle gefangenhält. Wird auch verwendet, um den letzten heiligen Augenblick zu bezeichnen, die wirkliche Welt, den Höhepunkt all der heiligen Augenblicke, die wir auf unserem Pfad gewählt haben.

Heiliger Geist – Die DRITTE PERSON der DREIEINIGKEIT, die im Kurs metaphorisch als GOTTES ANTWORT auf die Trennung beschrieben wird; die KOMMUNIKATIONSVERBINDUNG zwischen GOTT und SEINEN getrennten SÖHNEN, die den Graben zwischen dem GEIST CHRISTI und unserem gespaltenen Geist überbrückt; die Erinnerung an GOTT und SEINEN SOHN, die wir in unseren Traum mitnahmen; DERJENIGE, DER unsere Illusionen

(Wahrnehmung) sieht und uns durch sie hindurch zur Wahrheit (Erkenntnis) führt; die STIMME FÜR GOTT, die für IHN und unser wirkliches SELBST spricht und uns an die IDENTITÄT erinnert, die wir vergessen haben; auch BRÜCKE, TRÖSTER, FÜHRER, MITTLER, LEHRER und ÜBERSETZER genannt.

Heilung – Die im Geist stattfindende Berichtigung des Glaubens an die Krankheit, der die Trennung und den Körper als wirklich erscheinen läßt; die Wirkung dessen, daß man sich mit einem anderen in Vergebung verbindet und die Wahrnehmung verlagert von separaten Körpern – die Quelle aller Krankheit – auf das gemeinsame Ziel der Heilung hin. Da Heilung auf dem Glauben gründet, daß unsere wahre IDENTITÄT der reine Geist und nicht der Körper ist, muß Krankheit jeder Art illusorisch sein, weil nur ein Körper oder ein Ego leiden kann. Heilung reflektiert also das Prinzip, daß es keine Rangordnung der Schwierigkeit bei Wundern gibt.

HIMMEL – Die nonduale Welt der Erkenntnis, in der GOTT und SEINE Schöpfung in der vollkommenen Einheit seines WILLENS und SEINES reinen Geistes wohnen. Obwohl die Welt der Wahrnehmung den HIMMEL ausschließt, kann er hier in der heiligen Beziehung und der wirklichen Welt widergespiegelt werden.

Hölle – Das illusorische Bild des Ego einer Welt nach dem Tod, in der wir für unsere Sünden bestraft werden. Die Hölle wird also zur Schuld der Vergangenheit, die unter Umgehung der Gegenwart in die Zukunft projiziert wird. Wird auch verwendet, um das Denksystem des Ego zu bezeichnen.

Illusion – Etwas, das für wirklich gehalten wird, aber nicht wirklich ist. Die letztendliche Illusion ist die Trennung von GOTT, auf der alle Manifestationen der getrennten Welt beruhen, die als Verzerrungen der Wahrnehmung verstanden werden können: beispielsweise einen Angriff anstelle eines Rufes nach Liebe, eine Sünde anstelle eines Irrtums zu sehen. Die Illusionen der Welt verstärken den Glauben, daß der Körper als Quelle entweder der Lust oder des Schmerzes einen Wert an und für sich hat. Vergebung ist die letzte Illusion, weil sie das vergibt, was niemals war, und über alle Illusionen hinaus zur Wahrheit GOTTES führt.

Jesus – Die Quelle, die erste Person oder das »Ich« des *Kurses*; derjenige, der als erster seine Rolle in der SÜHNE vollendet hat, was ihn in die Lage versetzt, die Verantwortung für den ganzen Plan zu tragen. Da Jesus sein Ego transzendiert hat, wurde er mit CHRISTUS eins und kann jetzt als Vorbild unseres Lernens und als unsere immer gegenwärtige Hilfe dienen, wenn wir ihn mit dem Wunsch anrufen zu vergeben.

(Anmerkung: Nicht ausschließlich mit dem CHRISTUS gleichzusetzen, der ZWEITEN PERSON der DREIEINIGKEIT.)

JÜNGSTES (LETZTES) GERICHT – *Erkenntnis:* Spiegelt entgegen der traditionellen christlichen Anschauung von Urteil und Strafe die liebevolle Beziehung GOTTES zu *all* SEINEN SÖHNEN: SEIN letztes URTEIL.

Wahre Wahrnehmung: Der traditionellen christlichen Anschauung von Urteil und Strafe gegenübergestellt und mit dem Ende der SÜHNE gleichgesetzt, wenn im Anschluß an die WIEDERKUNFT CHRISTI die letzte Unterscheidung zwischen Wahrheit und Illusion getroffen,

alle Schuld aufgehoben und unser Bewußtsein wieder-
hergestellt wird, daß wir CHRISTUS sind, der SOHN des
lebendigen GOTTES.

Körper – *Ebene I:* Die Verkörperung des Ego; der Gedanke
der Trennung, der vom Geist projiziert wird und Form
annimmt; der Zeuge für die scheinbare Wirklichkeit der
Trennung, weil er eine Begrenzung der Liebe ist und sie
aus unserem Bewußtsein ausschließt; umfaßt sowohl
unseren physischen Körper als auch unsere Persönlichkeit.
Ebene II: Der Körper ist von sich aus neutral, weder
»gut« noch »böse«; sein Zweck wird ihm vom Geist
gegeben.
F.: Das Symbol von Schuld und Angriff.
R.: Das Mittel, um Vergebung zu lehren und zu lernen,
wodurch die Schuld des Ego aufgehoben wird; das
Instrument der Erlösung, durch das der HEILIGE GEIST
spricht.

Krankheit – Ein Konflikt im Geist (Schuld), der auf den
Körper verschoben wird; der Versuch des Ego, sich
gegen die Wahrheit (den reinen Geist) zu verteidigen,
indem es die Aufmerksamkeit auf den Körper konzen-
triert. Ein kranker Körper ist die *Wirkung* des kranken
oder gespaltenen Geistes, der seine *Ursache* ist, und stellt
den Wunsch des Ego dar, andere schuldig zu machen,
indem man sich selbst opfert und die Verantwortung
für den Angriff auf sie projiziert.

Kreuzigung – Ein Symbol für den Angriff des Ego auf GOTT
und deswegen auf SEINEN SOHN, das die »Wirklichkeit«
des Leidens, des Opferns und des Todes bezeugt, wel-

che die Welt zu manifestieren scheint; bezieht sich auch auf die Tötung Jesu, ein extremes Beispiel, das lehrte, daß unsere wahre IDENTITÄT der Liebe niemals zerstört werden kann, denn der Tod hat keine Macht über das Leben.

Lehrer GOTTES – In dem Augenblick, in dem wir uns entscheiden, uns mit einem anderen zu verbinden, was die Entscheidung ist, uns der SÜHNE anzuschließen, werden wir zu Lehrern GOTTES. Indem wir die Vergebungslektionen des HEILIGEN GEISTES lehren, lernen wir sie selber und begreifen, daß unser LEHRER der HEILIGE GEIST ist, DER vermittels unseres Beispiels von Vergebung und Frieden durch uns lehrt. Auch bezeichnet als »Wunderwirkender«, »Bote« und »Diener GOTTES« und als Synonym für die Schüler von *Ein Kurs in Wundern* verwendet.

Liebe – *Erkenntnis:* Die Essenz von GOTTES Sein und der Beziehung zu SEINER Schöpfung, die unveränderbar und ewig ist. Sie kann nicht definiert und gelehrt, sondern nur erfahren oder erkannt werden, wenn die Schranken der Schuld mittels der Vergebung beseitigt worden sind.
Wahre Wahrnehmung: Liebe, die in der illusionären Welt der Wahrnehmung nicht möglich ist, wird hier dennoch durch Vergebung ausgedrückt. Sie ist das Gefühl, das uns von GOTT gegeben ist, im Gegensatz zur Emotion des Ego, der Angst, und spiegelt sich in jedem wahren Ausdruck des Sichverbindens mit einem anderen wider.

Machen und Erschaffen – Der reine Geist erschafft, während das Ego macht.

Erkenntnis: Schöpfung vollzieht sich nur in der Welt der Erkenntnis und erschafft die Wahrheit.

Wahrnehmung: Machen, auch als Fehl-Erschaffen bezeichnet, führt nur zu Illusionen; selten auch für den HEILIGEN GEIST verwendet, DER als MACHER der wirklichen Welt beschrieben wird.

Magie – Der Versuch, ein Problem dort zu lösen, wo es nicht ist, d.h., das im Geist bestehende Problem durch physische oder »geistlose« Maßnahmen zu lösen: die Strategie des Ego, das wirkliche Problem – den Glauben an die Trennung – von GOTTES ANTWORT fernzuhalten. Die Schuld wird aus unserem Geist hinaus auf andere (Angriff) oder unseren Körper (Krankheit) projiziert und dort zu berichtigen versucht, statt daß sie in unserem Geist aufgehoben wird, indem wir sie dem HEILIGEN GEIST überbringen. Wird im »Lied des Gebets« als »falsche Heilung« bezeichnet.

Mangelprinzip – Ein Aspekt der Schuld; der Glaube, daß wir leer und unvollständig sind und uns fehlt, was wir brauchen. Das führt dazu, daß wir nach Götzen oder besonderen Beziehungen suchen, um den Mangel zu stillen, den wir in uns spüren. Wird unausweichlich in Gefühle des Entzugs projiziert, bei denen wir glauben, daß andere uns den Frieden entziehen, den *wir* uns in Wirklichkeit selbst weggenommen haben. Gegensatz zu GOTTES Prinzip des Überflusses.

Offenbarung – Die direkte Kommunikation von GOTT zu SEINEM SOHN, die die ursprüngliche Form der Kommunikation bei unserer Schöpfung spiegelt. Sie geht von GOTT zu SEINEM SOHN, ist aber nicht gegenseitig. Eine kurze Rückkehr zu diesem Zustand ist in dieser Welt möglich.

Opfer – Eine zentrale Überzeugung im Denksystem des Ego: Einer muß verlieren, wenn ein anderer gewinnen soll; das Prinzip des Aufgebens, um zu empfangen (geben, um zu bekommen). Damit wir beispielsweise GOTTES LIEBE empfangen, müssen wir einen Preis, gewöhnlich in Form von Leiden, zahlen, um für unsere Schuld (Sünde) zu büßen. Um die Liebe eines anderen zu bekommen, müssen wir mit dem Handel der besonderen Liebe dafür bezahlen. Die Umkehrung des Prinzips der Erlösung oder Gerechtigkeit: Niemand verliert, und alle gewinnen.

Projektion – Das grundlegende Gesetz des Geistes: Wahrnehmung wird durch Projektion erzeugt – was wir innen sehen, bestimmt das, was wir außerhalb unseres Geistes sehen.

F.: Verstärkt die Schuld, indem sie auf jemand anderen verschoben, dort angegriffen und in uns selbst verleugnet wird; ein Versuch, die Verantwortung für die Trennung von uns auf andere zu schieben.

R.: Das Prinzip der Ausdehnung, das die Schuld aufhebt, indem es der Vergebung des HEILIGEN GEISTES erlaubt, durch uns ausgedehnt (projiziert) zu werden.

Rechtgesinntheit – Der Teil unseres getrennten Geistes, der den HEILIGEN GEIST – die STIMME der Vergebung und der Vernunft – enthält. Wir werden wiederholt gebeten, die Rechtgesinntheit anstelle der Falschgesinntheit zu wählen und der Führung des HEILIGEN GEISTES statt derjenigen des Ego zu folgen, um auf diese Weise zur EINSGESINNTHEIT CHRISTI zurückzukehren.

Reiner Geist – Das Wesen unserer wahren Wirklichkeit, die, da sie von GOTT ist, unveränderbar und ewig ist im Gegensatz zum Körper, der Verkörperung des Ego, der sich verändert und stirbt; der GEDANKE in GOTTES GEIST, DER der geeinte CHRISTUS ist.

Schau – Die Wahrnehmung CHRISTI oder des HEILIGEN GEISTES, die über den Körper hinweg zum reinen Geist schaut, der unsere wahre IDENTITÄT ist; die Schau der Vergebung und der Sündenlosigkeit, durch die die wirkliche Welt gesehen wird. Schau ist rein innerlich und spiegelt die Entscheidung wider, die Wirklichkeit zu akzeptieren, statt sie zu beurteilen; ein Wechsel der Einstellung vom Zweck, den das Ego dem Körper gibt (Besonderheit), hin zum Zweck, der ihm vom HEILIGEN GEIST gegeben wird (Vergebung), und daher nicht mit der physischen Sicht gleichzusetzen.

Schöpfung – Die Ausdehnung von GOTTES Sein oder Geist, die URSACHE, DEREN WIRKUNG SEIN SOHN war; wird als ANKUNFT CHRISTI beschrieben. Es ist die Funktion des SOHNES im HIMMEL, zu erschaffen, wie es diejenige GOTTES war, als ER IHN erschuf.
(Anmerkung: Schöpfung existiert nur auf der Ebene der Erkenntnis und ist nicht gleichbedeutend mit Schöpfung oder Kreativität, wie die Begriffe in der Welt der Wahrnehmung verwendet werden.)

Schuld – Das Gefühl, das wir im Zusammenhang mit Sünde empfinden. Sie spiegelt sich in allen negativen Gefühlen und Überzeugungen, die wir, zum größten Teil unbewußt, in bezug auf uns selbst haben. Schuld beruht auf einem Gefühl einer uns innewohnenden Unwürdig-

keit, die dem Anschein nach selbst GOTT nicht die Macht hat zu vergeben. Wir glauben irrigerweise, daß ER Bestrafung von uns für unsere scheinbare Sünde der Trennung von IHM verlangt. Dem Rat des Ego folgend, daß die Schuld anzuschauen uns vernichten würde, verleugnen wir ihre Gegenwart in unserem Geist und projizieren sie dann in Form von Angriff nach außen, entweder auf andere in Form von Ärger oder auf unseren Körper in Form von Krankheit.
Siehe auch: Mangelprinzip

SELBST – Unsere wahre IDENTITÄT als SOHN GOTTES; synonym mit CHRISTUS, der ZWEITEN PERSON der DREIEINIGKEIT; Gegensatz zum Egoselbst, das wir als Ersatz für GOTTES Schöpfung gemacht haben; in wenigen Fällen auf das SELBST GOTTES bezogen.

SOHN GOTTES – *Erkenntnis:* Die ZWEITE PERSON der DREIEINIGKEIT; der CHRISTUS, DER unser wahres SELBST ist.
Wahre Wahrnehmung: Unsere Identität als getrennte SÖHNE oder der SOHN GOTTES als Ego mit einem recht- und einem falschgesinnten Geist. Der biblische Ausdruck »Menschensohn« wird in seltenen Fällen benutzt, um den SOHN als getrennt zu bezeichnen.

SÜHNE – Der Berichtigungsplan des HEILIGEN GEISTES, um das Ego aufzuheben und den Glauben an die Trennung zu heilen. Sie entstand nach der Trennung und ist vollendet, wenn jeder getrennte SOHN seinen Teil in der SÜHNE erfüllt hat, indem er vollkommen vergeben hat; ihr Prinzip ist, daß die Trennung nie geschehen ist.

Sünde – Der Glaube an die Wirklichkeit unserer Trennung von GOTT, die vom Ego als nicht korrigierbarer Akt angesehen wird, weil sie unseren Angriff auf unseren SCHÖPFER darstellt, DER uns daher niemals vergeben würde. Sünde führt zu Schuld, die Bestrafung fordert. Sünde ist gleichbedeutend mit Trennung, sie ist das zentrale Konzept im Denksystem des Ego, aus dem alle anderen logisch folgen. Für den HEILIGEN GEIST ist sie ein Irrtum in unserem Denken, der berichtigt und deshalb vergeben und geheilt werden muß.

Teufel – Eine Projektion des Ego, das versucht, die Verantwortung für unsere Sünde und Schuld zu verleugnen, indem es sie auf einen äußeren Träger projiziert, der uns deshalb durch das ihm innewohnende Böse zu beeinflussen scheint.

Tod – *F.:* Das letzte Zeugnis für die scheinbare Wirklichkeit des Körpers und für die Trennung von unserem SCHÖPFER, DER das Leben ist. Wenn der Körper stirbt, muß er gelebt haben, was bedeutet, daß sein Macher, das Ego, ebenfalls real und lebendig sein muß. Der Tod wird vom Ego auch als letztendliche Bestrafung für unsere Sünde der Trennung von GOTT verstanden.
R.: Das stille Ablegen des Körpers, nachdem er seinen Zweck als Lehrmittel erfüllt hat.

Traum – Der Zustand nach der Trennung, in dem der SOHN GOTTES eine Welt der Sünde, Schuld und Angst träumt und dabei glaubt, daß dies die Wirklichkeit und der HIMMEL der Traum sei. Der SOHN ist als Träumer die *Ursache* der Welt, welche die *Wirkung* ist, obwohl diese Beziehung zwischen Ursache und Wirkung in dieser

Welt umgekehrt erscheint, wo wir die Wirkung oder das Opfer der Welt zu sein scheinen. Manchmal verwendet, um Schlafträume zu bezeichnen, obwohl es keinen wirklichen Unterschied zwischen ihnen und Wachträumen gibt, da beide der illusionären Welt der Wahrnehmung angehören.

Siehe auch: Ursache und Wirkung

Trennung – Der Glaube an Sünde, der eine von unserem SCHÖPFER getrennte Identität behauptet. Die Trennung scheint einst geschehen zu sein, und das Denksystem, das aus dieser Idee entstand, wird vom Ego repräsentiert. Hat eine Welt der Wahrnehmung und der Form, des Schmerzes, des Leidens und des Todes zur Folge, die in der Zeit wirklich, aber in der Ewigkeit unbekannt ist.

Überfluß – Das Prinzip des HIMMELS, das im Gegensatz zu dem vom Ego gehegten Glauben an Mangel steht. GOTTES SOHN kann es niemals an etwas mangeln, noch kann er je etwas benötigen, da GOTTES Gaben, die bei der Schöpfung auf ewig gegeben wurden, auch für immer bei ihm sind.

Ursache und Wirkung – Ursache und Wirkung stehen in einem gegenseitigen Abhängigkeitsverhältnis, da die Existenz der einen die Existenz der anderen bestimmt. Wenn etwas keine Ursache ist, kann es zudem nicht existieren, weil alles Sein Wirkungen hat.

Erkenntnis: GOTT ist die einzige URSACHE, und SEIN SOHN ist SEINE WIRKUNG.

Wahrnehmung: Der Gedanke der Trennung, die Sünde, ist die *Ursache* des Traums vom Leiden und Tod, der die *Wirkung* der Sünde ist. Vergebung hebt die Sünde auf, indem sie aufzeigt, daß die Sünde keine Wirkung hat. Der Frieden GOTTES und unsere liebevolle Beziehung zu IHM sind völlig unberührt von dem, was andere uns angetan haben. Da die Sünde also keine Wirkung hat, kann sie keine Ursache sein und deswegen nicht existieren.

Vergebung – Das Anschauen unserer Besonderheit mit dem HEILIGEN GEIST oder Jesus ohne Schuld oder Urteil; unsere besondere Funktion, der zufolge wir einen anderen, den wir vorher als »Feind« (besonderer Haß) oder als »Erlöser-Götzen« (besondere Liebe) wahrgenommen haben, nun als Bruder oder Freund wahrnehmen, indem wir alle Schuldprojektionen von ihm nehmen; die Äußerung des Wunders oder der Schau CHRISTI, die alle Menschen als vereint in der SOHNSCHAFT GOTTES sieht und über die scheinbaren Unterschiede hinausschaut, in denen sich Trennung spiegelt. Sünde als wirklich wahrzunehmen macht also wahre Vergebung unmöglich. Vergebung ist die Einsicht, daß wir uns das, wovon wir glaubten, es sei uns angetan worden, selbst antaten, denn wir sind verantwortlich für unser Drehbuch und können uns deshalb nur selber den Frieden GOTTES entziehen. Deswegen vergeben wir anderen, was sie uns *nicht* angetan haben, und nicht das, was sie getan haben.

Verleugnung – *F.:* Die Vermeidung der Schuld, indem die Entscheidung, von der sie hervorgebracht wurde, aus dem Bewußtsein gedrängt wird, was sie für die Berichtigung oder SÜHNE unzugänglich macht; in etwa gleichbedeutend mit Verdrängung. Verleugnung schützt den

Glauben des Ego, daß *es* unsere Quelle ist, und nicht GOTT.

R.: Wird verwendet, um den Irrtum zu leugnen und die Wahrheit zu bestätigen: um »die Verleugnung der Wahrheit zu leugnen«.

Wahre Wahrnehmung – Durch die Augen CHRISTI sehen; die Schau der Vergebung, die die Fehlwahrnehmungen des Ego berichtigt, indem sie die wahre Einheit des SOHNES GOTTES spiegelt; nicht gleichzusetzen mit der physischen Sicht; die Einstellung, die Schuldprojektionen aufhebt und uns erlaubt, auf die wirkliche Welt statt auf eine Welt der Sünde, der Schuld, des Leidens und des Todes zu schauen.

Wahrnehmung – *Ebene I:* Die dualistische Welt der Form und Unterschiede nach der Trennung. Diese Welt und die nondualistische Welt der Erkenntnis schließen sich gegenseitig aus. Diese Welt entsteht aus unserem Glauben an die Trennung und hat keine Wirklichkeit außerhalb dieses Gedankens.

Ebene II: Wahrnehmung kommt von Projektion. Was wir innen sehen, bestimmt, was wir außerhalb von uns sehen. Entscheidend für die Wahrnehmung ist deshalb unsere *Deutung* der »Wirklichkeit« und nicht das, was objektiv als wirklich erscheint.

F.: Die Wahrnehmung von Sünde und Schuld verstärkt den Glauben an die Wirklichkeit der Trennung.

R.: Die Wahrnehmung von Gelegenheiten zur Vergebung dient dazu, den Glauben an die Wirklichkeit der Trennung aufzuheben.

Siehe auch: wahre Wahrnehmung

Welt – *Ebene I:* Die *Wirkung* des Egoglaubens an die Trennung, welcher ihre *Ursache* ist; der Gedanke der Trennung und des Angriffs auf GOTT, dem Form gegeben
wurde. Als Ausdruck des Glaubens an Zeit und Raum
wurde sie nicht von GOTT erschaffen, DER Zeit und Raum
vollkommen transzendiert. Wenn sie sich nicht aus-
drücklich auf die Welt der Erkenntnis bezieht, bezieht
sie sich nur auf die Wahrnehmung die Domäne des Ego
nach der Trennung.
Ebene II – F.: Ein Gefängnis der Trennung, das den Ego-
glauben an Sünde und Schuld verstärkt, wodurch die
scheinbare Existenz dieser Welt weiter aufrechterhalten
wird.
R.: Eine Schule, in der wir unsere Lektionen der Vergebung lernen; das Lehrmittel des HEILIGEN GEISTES, um
uns zu helfen, die Welt zu transzendieren. Demnach ist
der Zweck dieser Welt, uns zu lehren, daß es keine Welt
gibt.
Siehe auch: wirkliche Welt

WIEDERKUNFT CHRISTI – Die Heilung des Geistes der SOHN-
SCHAFT; die kollektive Rückkehr zum Bewußtsein unserer Wirklichkeit als der eine GOTTESSOHN, das wir bei unserer Schöpfung, der ANKUNFT CHRISTI, hatten. Sie geht
dem JÜNGSTEN GERICHT voraus, wonach diese Welt der
Illusion endet.

Wirkliche Welt – Der Geisteszustand, in dem durch vollkommene Vergebung die Welt der Wahrnehmung von
den Projektionen der Schuld befreit wird, die wir ihr
auferlegt haben. Es ist also der Geist, der sich verändert
hat, nicht die Welt, und wir sehen durch die Schau
CHRISTI, die segnet, statt zu verurteilen. Der glückliche

Traum des HEILIGEN GEISTES; das Ende der SÜHNE, womit unsere Gedanken der Trennung aufgehoben werden, was es GOTT erlaubt, den letzten Schritt zu tun.

Wunder – Der Geisteswandel, der unsere Wahrnehmung von der Egowelt der Sünde, Schuld und Angst auf die Welt der Vergebung des HEILIGEN GEISTES verschiebt. Das Wunder kehrt die Projektion um, indem es dem Geist seine Funktion als Verursacher zurückerstattet und uns erlaubt, noch einmal zu wählen. Es transzendiert die Gesetze dieser Welt, so daß sie die Gesetze GOTTES spiegeln; wird durch unsere Verbindung mit dem HEILIGEN GEIST oder Jesus bewirkt und ist das Mittel, unseren eigenen und den Geist anderer zu heilen. (Anmerkung: Nicht zu verwechseln mit dem traditionellen Verständnis von Wundern als Veränderung äußerer Phänomene.)

Zeit – *Ebene I:* Ein wesentlicher Bestandteil der illusorischen Welt der Trennung, die vom Ego stammt, im Gegensatz zur Ewigkeit, die nur im HIMMEL existiert. Während die Zeit linear zu sein scheint, ist sie in ihrer Gesamtheit in einem winzigen Augenblick enthalten, der vom HEILIGEN GEIST bereits berichtigt und aufgehoben wurde und in Wahrheit nie geschehen ist.
Ebene II: – F.: Das Mittel, das Ego beizubehalten, indem die Sünden der Vergangenheit mittels der Schuld aufrechterhalten werden, die durch Angst vor Strafe in die Zukunft projiziert wird, wobei die Gegenwart als engste Annäherung an die Ewigkeit übersehen wird.
R.: Das Mittel, um das Ego aufzuheben, indem die Vergangenheit durch den heiligen Augenblick, das Medi-

um der Wunder, vergeben wird. Wenn die Vergebung vollständig ist, hat die Welt der Zeit den Zweck des HEILIGEN GEISTES erfüllt und wird einfach verschwinden.

Index der Zitate und Textstellen aus
Ein Kurs in Wundern

Übungsbuch

Handbuch für Lehrer

Begriffsbestimmung

Die Foundation for »A Course in Miracles«

Kenneth Wapnick promovierte 1968 in klinischer Psychologie an der Adelphi-Universität. Er war ein enger Freund und Mitarbeiter von Helen Schucman und William Thetford, den beiden Menschen, deren Verbindung die Niederschrift von Ein Kurs in Wundern *unmittelbar auslöste. Seit 1973 befaßt er sich in seiner Eigenschaft als Psychotherapeut, Autor und Lehrer mit* Ein Kurs in Wundern. *Er ist Vorstandsmitglied der »Foundation for Inner Peace«, die das amerikanische Originalwerk* A Course in Miracles *herausgibt.*

Zusammen mit seiner Frau Gloria gründete er 1983 die »Foundation for A Course in Miracles« *(Stiftung für* Ein Kurs in Wundern*). 1988 erweiterten sie die Foundation zu einer Akademie und Tagungsstätte in Roscoe, New York, die 1995 ein staatlich anerkanntes Lehrinstitut wurde. Seit 2001 hat die Foundation ihren Sitz in Temecula in Kalifornien. Die Foundation ist Rechteinhaberin für* A Course in Miracles *und gibt vierteljährlich das kostenlose Mitteilungsblatt »The Lighthouse« heraus. Kenneth und Gloria schreiben über ihre Vision der Foundation:*

In den ersten Jahren, in denen wir uns mit *Ein Kurs in Wundern* befaßten und dessen Grundsätze in unseren Berufen als Psychotherapeut bzw. als Lehrerin und Konrektorin anwendeten, wurde uns klar, daß dies kein leicht verständliches Denksystem ist. Das gilt nicht nur für das intellektuelle Verständnis seiner Lehre, sondern vielleicht

noch weitaus mehr für dessen Anwendung in unserem All-
tag. So hatten wir von Anfang an den Eindruck, daß es sich
anbot, den Kurs zu lehren, parallel zu der laufenden Un-
terweisung, die uns der HEILIGE GEIST täglich innerhalb unserer Beziehungen gibt, wie es auf den ersten Seiten des
Handbuchs für Lehrer beschrieben ist.

Als Helen Schucman und ich (Kenneth) vor vielen Jahren einmal über diese Gedanken sprachen, erzählte sie mir
von der Vision eines Lehr- und Schulungszentrums, die sie
gehabt hatte: eines weißen, von einem goldenen Kreuz
gekrönten Tempels. Obwohl dieses Bild eindeutig Symbol-
charakter hatte, war uns klar, daß es ausdrückte, was dieses Schulungszentrum sein sollte: ein Ort, an dem Jesus und
seine Botschaft in *Ein Kurs in Wundern* manifest würden.
Wir haben manchmal das Bild eines Leuchtturms vor uns
gesehen, dessen Licht über das Meer strahlt und Vorüber-
fahrenden, die Ausschau nach ihm halten, den Weg weist.
Für uns ist dieses Licht die Vergebungslehre des Kurses.
Wir hoffen sie mit denen zu teilen, die sich von der Art, wie
in unserer Foundation gelehrt wird, und unserer Vision des
Kurses angezogen fühlen.

Diese Vision beinhaltet die Überzeugung, daß *Ein Kurs
in Wundern* von Jesus aus mehreren Gründen zu diesem besonderen Zeitpunkt und in dieser speziellen Form übermittelt wurde. Dazu zählen vor allem:

1. Die Notwendigkeit, den Geist vom Glauben zu heilen,
    Angriff sei Erlösung. Das geschieht durch Vergebung,
    die Aufhebung unseres Glaubens an die Wirklichkeit
    von Trennung und Schuld.
2. Die Betonung der Wirklichkeit von Jesus und/oder dem
    HEILIGEN GEIST als unserem liebevollen und sanften Leh-
    rer und die Entwicklung einer persönlichen Beziehung
    zu diesem Lehrer.

3. Die Berichtigung der Irrtümer des Christentums, besonders da, wo es die Betonung auf Leiden, Opfer, Trennung und Sakramente als Bestandteile des göttlichen Heilsplans legt.

Unser Denken wurde immer von Plato (und seinem Lehrer Sokrates) inspiriert, sowohl vom Menschen als auch von seinen Lehren. Platos Akademie war ein Ort, wohin ernsthafte und nachdenkliche Menschen kamen, um seine Philosophie in einer dafür geeigneten Atmosphäre zu studieren. Dann kehrten sie in ihren jeweiligen Beruf zurück, um die Lehren des großen Philosophen umzusetzen. Aufgrund dieser Verknüpfung abstrakter philosophischer Ideale mit der praktischen Erfahrung schien uns Platos Schule ein perfektes Vorbild für unser Schulungszentrum zu sein.

An unserem jetzigen Sitz in Temecula, Kalifornien, verlagern wir unser Lehren vorwiegend, aber nicht ausschließlich, von persönlich gehaltenen Seminaren auf elektronische und digitale Formen, um die Vorteile der ständig zunehmenden elektronischen Medienkommunikation zu nutzen. Damit erreichen wir ein breiteres Publikum; der Inhalt unserer Lehre bleibt derselbe, die Form passen wir dem 21. Jahrhundert an.

Wir sehen den Hauptzweck der Foundation darin, Schülern von *Ein Kurs in Wundern* zu helfen, ihr Verständnis seines Denksystems sowohl theoretisch als auch praktisch zu vertiefen, damit sie wirkungsvollere Instrumente der Lehren Jesu in ihrem eigenen Leben werden können. Da es wirkungslos ist, Vergebung zu lehren, ohne sie zu erfahren, besteht eines der wesentlichen Ziele der Foundation darin, den Prozeß zu erleichtern, durch den einzelne Menschen die Erfahrung machen, daß ihre Sünden vergeben sind und sie wahrhaft von GOTT geliebt werden. Auf diese

Weise kann der HEILIGE GEIST SEINE LIEBE durch sie an andere weitergeben.

Ein Gesamtkatalog mit den von der Foundation herausgegebenen englischen Schriften, Büchern, Tonbändern und Videokassetten ist erhältlich beim Greuthof Verlag oder direkt bei der Foundation:

Foundation for »A Course in Miracles«
41397 Buecking Drive
Temecula, CA 92 590-5668
USA
www.facim.org

Weitere Literatur aus dem Greuthof Verlag:

EIN KURS IN WUNDERN

»Nichts Wirkliches kann bedroht werden. Nichts Unwirkliches existiert. Hierin liegt der Frieden Gottes.«

Ein Kurs in Wundern ist eine meisterhafte Synthese von zeitlosen spirituellen Einsichten und wesentlichen psychologischen Erkenntnissen. Er stellt uns einen Weg der Geistesschulung zur Verfügung, durch die der eigene innere Lehrer gefunden werden kann. In seiner Ausdrucksweise christlich, behandelt er universelle geistige Themen und führt uns hin zum wahrhaften Frieden.

Das Werk besteht aus dem Textbuch, dem Übungsbuch und dem Handbuch für Lehrer. Im Textbuch werden die Konzepte dargelegt, auf denen das Denksystem des Kurses gründet. Die darin enthaltenen Gedanken stellen die Grundlage für die 365 Lektionen im Übungsbuch dar, bei denen das Hauptgewicht auf der täglichen Erfahrung durch die Anwendung liegt. Das Handbuch für Lehrer gibt Antworten auf viele Fragen, die sich beim Studium ergeben.

Ein Kurs in Wundern wurde uns gegeben, um »uns den Weg des Lichtes zu eröffnen und uns Schritt für Schritt die Rückkehr zum ewigen Selbst zu lehren, das wir verloren zu haben glaubten«.

1320 Seiten, gebunden, 5. Auflage

DIE ERGÄNZUNGEN ZU *EIN KURS IN WUNDERN*
Psychotherapie: Zweck, Prozeß und Praxis
Das Lied des Gebets: Gebet, Vergebung, Heilung

Die beiden Abhandlungen entstanden zeitlich nach Ein Kurs in Wundern und wurden auf die gleiche Weise wie der Kurs übermittelt und niedergeschrieben.

»Psychotherapie: Zweck, Prozeß und Praxis« enthält für Fachleute und Laien gleichermaßen neue und aufschlußreiche Einsichten über das Wesen von Therapie und ihren Stellenwert im Rahmen von Spiritualität.

»Das Lied des Gebets« wirft ein neues Licht auf die wichtige Frage, worin wahres Gebet besteht. Die verschiedenen Stufen des Gebets – von seinen anfänglichen Formen bis hin zur Vollendung – werden erläutert. Dem Leser wird überdies die enge Verbindung zwischen Gebet, Vergebung und Heilung vor Augen geführt.

105 Seiten, 3. Auflage

Kenneth Wapnick
DIE BOTSCHAFT VON *EIN KURS IN WUNDERN*

Mit seinen umfassenden Erläuterungen legt Kenneth Wapnick den Grundstein dazu, die kraftvolle Botschaft von *Ein Kurs in Wundern* für uns erfahrbar zu machen. Mit unserem spirituellen Wachstum werden sich uns die Schätze des Kurses zunehmend auftun. Neue Einsichten verhelfen uns zu einer geistigen Offenheit, in der wir erkennen, was uns von der Erfahrung des Einsseins mit Gott trennt.

Wir lernen auch die philosophischen und psychologischen Aussagen des Kurses kennen und seine ideengeschichtlichen Parallelen zu Plato, den Lehren der Gnostiker sowie zum Werk Sigmund Freuds. Sanft, liebevoll und mit großer Weisheit wird uns die spirituelle Leiter gezeigt, die uns nach Hause zurückführt. Ein meisterhaftes Buch, dem zu Recht eine Stellung als Standardwerk zum richtigen Verständnis von *Ein Kurs in Wundern* zukommt.

604 Seiten, gebunden

Gloria und Kenneth Wapnick
DER HIMMEL HAT KEIN GEGENTEIL
Die wichtigsten Fragen zu *Ein Kurs in Wundern*

Das Studium von *Ein Kurs in Wundern* führt nicht nur zu neuen und überraschenden Einsichten, sondern wirft auch eine Reihe von Fragen auf. Für alle, die ihr Verständnis des Kurses vertiefen möchten, sind hier die am häufigsten auftauchenden Fragen nach fünf zentralen Gesichtspunkten zusammengestellt.

Mit großer Präzision und Anschaulichkeit besprechen die Autoren die wichtigsten Probleme im Umgang mit dem Kurs und räumen mögliche Mißverständnisse aus. Darüber hinaus wird die Rolle Jesu im Kurs behandelt sowie der Umgang mit Text- und Übungsbuch erläutert. Den Lesern werden fundierte Antworten zu einer großen Themenvielfalt geboten.

201 Seiten, 2. Auflage

Kenneth Wapnick
JENSEITS DER GLÜCKSELIGKEIT
Das Leben Helen Schucmans und die Niederschrift
von *Ein Kurs in Wundern*

Helen Schucman, eine angesehene Psychologieprofessorin, schenkte der Welt das spirituelle Grundlagenwerk *Ein Kurs in Wundern,* das in überragender sprachlicher Schönheit zeitlose Einsichten mit wesentlichen psychologischen Erkenntnissen verbindet. In *Jenseits der Glückseligkeit* erzählt Kenneth Wapnick die faszinierende Lebensgeschichte Helens und eröffnet uns einen authentischen Einblick in die ungewöhnliche Entstehung dieses bedeutenden Werkes.

Unter Verwendung von unveröffentlichten Briefen, Träumen und visionären Erlebnissen Helens zeichnet der Autor ein lebendiges Bild dieser vielschichtigen Persönlichkeit von großer geistiger Brillanz. An ihrer inneren Verbindung zu Jesus nehmen wir ebenso teil wie an ihrer Beziehung zu William Thetford, der ihr bei der Niederschrift zur Seite stand. Kenneth Wapnick begleitete Helen und die Veröffentlichung von *Ein Kurs in Wundern* in den letzten acht Jahren ihres Lebens. Ihm vertraute sie ihr geistiges Erbe an. So wurde er zum besten Kenner des Kurses und erhielt Einblick in ihr Leben wie kein anderer.

Mit vielen dokumentarischen Fotos und bisher noch nicht veröffentlichten Übermittlungen wird diese aus dem Herzen geschriebene Biographie zu einer fesselnden Lektüre, die zutiefst berührt.

571 Seiten, gebunden

Kenneth Wapnick
WUNDER ALS WEG
Die 50 Grundsätze der Wunder in *Ein Kurs in Wundern*

Den Auftakt zu *Ein Kurs in Wundern* bilden die 50 Grundsätze der Wunder. Sie enthalten im Keim bereits die ganze Lehre des Kurses, in der sich auf einzigartige Weise moderne Psychologie mit Spiritualität verbindet.

Kenneth Wapnick erläutert Schritt für Schritt jeden einzelnen Grundsatz und geht ausführlich auf relevante Fragen ein.

Es wird deutlich, daß Wunder nicht die äußeren Umstände verändern, sondern unsere falsche Wahrnehmung von uns selbst und der Welt berichtigen. Der Leser erhält einen tiefen Einblick in das Denksystem des Kurses und erfährt, wie man Wunder im täglichen Leben geschehen lassen kann, um inneren Frieden zu gewinnen.

191 Seiten, 3. Auflage

Kenneth Wapnick
DIE VERGEBUNG UND JESUS
Zentrale Lehren von Christentum und *Ein Kurs in Wundern*

DIE VERGEBUNG UND JESUS

Zentrale Lehren von Christentum und EIN KURS IN WUNDERN

Kenneth Wapnick

Greuthof

In diesem richtungweisenden Werk werden eine Reihe christlicher Lehren im Lichte von *Ein Kurs in Wundern* behandelt.

Die Grundsätze des Kurses, der uns einen Weg zum inneren Frieden aufzeigt, werden im ersten Teil ausführlich erläutert. Themen wie Krankheit, Ungerechtigkeit und Sexualität werden aus seiner Sicht betrachtet und anschaulich gemacht.

Im zweiten Teil zeichnet Kenneth Wapnick ein lebendiges Bild des vergebenden Jesus. Ausführlich werden die Lehren des Neuen Testaments zur Vergebung und der Sinn der Kreuzigung behandelt – dabei werden viele Mißverständnisse ausgeräumt, die unser Jesusbild bis zum heutigen Tage trüben und verfälschen.

Welche Rolle Jesus in unserem Leben spielen kann und was es bedeutet, ihm zu folgen, das eröffnet uns der Autor in seiner klaren und prägnanten Sprache in den letzten beiden Teilen. Er ebnet uns damit einen unmittelbaren Zugang zu *Ein Kurs in Wundern* und zu einem neuen christlichen Glauben.

411 Seiten

Kenneth Wapnick & Norris Clarke
EIN KURS IN WUNDERN UND DAS CHRISTENTUM

Kenneth Wapnick & Norris Clarke

EIN KURS IN WUNDERN und das Christentum

Greuthof

Kenneth Wapnick und Pater Norris Clarke führten den vorliegenden Dialog, um die Unterschiede zwischen dem Denksystem von *Ein Kurs in Wundern* und der Lehre des klassischen Christentums herauszuarbeiten. Sie definieren die verschiedenen Standpunkte ganz klar und zeigen, daß *Ein Kurs in Wundern* und die Bibel zwei einander ausschließende Theologien sind, die sich nicht in ein zusammenhängendes spirituelles System integrieren lassen.

Das Gespräch fand in liebevoller Haltung zwischen Freunden statt, die ihre Unterschiedlichkeit respektieren und sich darin einig sind, verschiedener Meinung zu sein. Es gelingt ihnen, durch diesen Dialog zu einem besseren Verständnis sowohl des Kurses als auch des traditionellen Christentums beizutragen.

140 Seiten

Gloria und Kenneth Wapnick
VOM TRAUM ERWACHEN
Ein Kurs in Wundern – Anfang und Ende der Traumwelt

Aus der Welt von Raum und Zeit werden wir auf eine Entdeckungsreise in unser geistiges Sein mitgenommen. In eindrucksvollen Bildern ersteht vor uns eine bisher vergessene Wirklichkeit, in der alle Getrenntheit aufgehoben ist.

Wer sind wir wirklich? Wie kommt es, daß wir uns immer wieder mit Problemen konfrontiert und von ihnen bedroht sehen? Wozu das alles, und wo liegt der Ausweg?

Anhand eines bewegenden visionären Erlebnisses der Autorin erläutern Gloria und Kenneth Wapnick gemeinsam die Metaphysik von *Ein Kurs in Wundern*. Sie verstehen es meisterhaft, den Kurs darzulegen und uns einen unmittelbaren Zugang zu seiner Lehre zu vermitteln.

In *Vom Traum erwachen* erfahren wir den Kurs aus einer neuen Sichtweise.

»*Träume verschwinden, wenn das Licht gekommen ist und du sehen kannst.*«

183 Seiten

REIHE *WUNDER ZUM HÖREN*
Audiocassetten von Seminaren zu
Ein Kurs in Wundern in deutscher Sprache

Kenneth Wapnicks intensive Seminare werden von Kursschülern aus aller Welt als wertvolle Hilfe für das Verständnis dieses bedeutenden geistigen Werkes sehr geschätzt. Diese Seminare werden in den USA aufgezeichnet und als Audiocassetten veröffentlicht. Die Reihe *Wunder zum Hören* ist die deutsche Übersetzung dieser Cassetten.

Set Nr. 1: Was *Ein Kurs in Wundern* besagt
Ein kurzer und intensiver Einblick in die Grundlagen des Kurses.
1 Cassette, 50 Minuten

Set Nr. 2: Das Ego und die Vergebung
Ausführlicher Überblick über die Hauptthemen von *Ein Kurs in Wundern*.
2 Cassetten, 163 Minuten

Set Nr. 3: Die Metaphysik der Trennung und Vergebung
Fundierter Einblick in die nondualen metaphysischen Grundsätze von *Ein Kurs in Wundern*.
2 Cassetten, 122 Minuten